DER FESTUNGSKURIER

• • •

Beiträge zur Mecklenburgischen Landes- und
Regionalgeschichte vom Tag der Landesgeschichte
im Oktober 2017 in Dömitz

DER FESTUNGSKURIER

• • •

Beiträge zur Mecklenburgischen Landes- und
Regionalgeschichte vom Tag der Landesgeschichte
im Oktober 2017 in Dömitz

Bibliotheken, Buchdrucker und Buchhändler in
Mecklenburg in der Frühen Neuzeit

Herausgegeben vom Museum Festung Dömitz – Band 18

Norderstedt 2018

Bibliografische Information der Deutschen Bibliothek

Die deutsche Bibliothek verzeichnet diese Publikation in der Deutschen Nationalbibliografie;
detaillierte bibliografische Daten sind im Internet über http:dnb.ddb.de abrufbar.

Der Festungskurier, Band 18
Schriftenreihe des Museums Festung Dömitz
Herausgeber: Museum Festung Dömitz
Herausgeber dieses Bandes: Ernst Münch und Kersten Krüger
Einband: Museum Festung Dömitz

© 2018
Herstellung und Verlag:
BoD – Books on Demand, Norderstedt
ISBN 978 3 7460 7487 0

Inhalt

Vorwort

Der Dömitzer Tag der Landesgeschichte, immer auch um möglichst große Aktualität bemüht, wollte im Jahre 2017 einen Beitrag zum 500. Jubiläum der Reformation leisten.

Diesmals ging es aber nicht, wie bereits vor einigen Jahren, um Joachim Slüter, den aus Dömitz stammenden Reformators Rostocks.

Als übergreifendes Thema sollte vielmehr der Buchdruck im Zentrum stehen, ohne den – angesichts des zentralen Stellenwertes der Bibel – die Weltwirkung lutherische Reformation undenkbar gewesen wäre.

Untrennbar verbunden mit dem Buchdruck sind ebenfalls der Buchhandel – lange Zeit auch in Personalunion mit dem Buchdruck – sowie die Geschichte der Bibliotheken. Auch sie rückten daher in das Blickfeld der am 21. Oktober 2017 in Dömitz gehaltenen Vorträge, die nunmehr ihrerseits in gedruckter Form vorgelegt werden.

Die vier Autoren der Beiträge sind ausgewiesene, seit vielen Jahren mit ihrer jeweiligen Thematik beschäftigte Spezialisten.

Den Pionieren des Buchdrucks in Mecklenburg seit dem Ausgang des 15. Jahrhunderts in Gestalt der Brüder vom Gemeinsamen Leben und ihres Hauses St. Michael in Rostock geht Nilüfer Krüger (Rostock) seit langem erfolgreich nach. Kenntnisreich und instruktiv stellt ihr Beitrag in Wort und Bild besonders schöne, typische bzw. interessante Exemplare von Veröffentlichungen vor, die bis 1532 die Offizin der Michaelisbrüder verlassen haben. Dabei wird nicht nur die Kunstfertigkeit der Drucker, sondern auch das erstaunlich breite inhaltliche Spektrum der Publikationen erkennbar.

Repräsentieren die Michaelisbrüder noch das altgläubige Druckgut, was nicht zuletzt auch zu ihrem Ende führte, so stellt Guyla Pápay (Rostock) mit Jakob Lucius dem Älteren einen evangelisch-lutherischen Buchdrucker aus der zweiten Hälfte des Reformationsjahrhunderts vor. Es ist das Verdienst Pápays, das Wirken dieses aus Siebenbürgen stammenden vielseitigen Mannes (er war auch Formschneider und Zeichner), der in Wittenberg, Rostock und Helmstedt tätig war, aus dem Dunkel der Vergangenheit in ein helleres und klareres Licht gerückt zu haben. Das gilt nicht zuletzt für die Rostocker Zeit, in der Lucius als erster Universitätsdrucker wirkte.

Während sich Lucius nicht über mangelnde Arbeits- und damit Einkünftemöglichkeiten beklagen konnte, galt dies für den Schweriner Hofbuchdrucker Wilhelm Bärensprung keineswegs. Bernd Schattinger (Schwerin) zeichnet durchgehend quellenbasiert das bedrückende Dasein des Druckers nach, der un-

ter vier mecklenburgischen Herzögen sehr schwere, häufig von Kriegen ge-
prägte Zeiten erleben musste. Auf diese Weise wird die Biographie Bärensprungs auch zu einem Spiegelbild der mecklenburgischen Geschichte des 18.
Jahrhunderts.

Seine intimen Kenntnisse des mecklenburgischen Militärwesens nutzt
Klaus-Ulrich Keubke (Schwerin) für die detaillierte Vorstellung der Schweriner
Offiziersbibliotheken, ihrer Gebäude und insbesondere ihrer Bestände im 19.
Jahrhundert. Neben der Würdigung einzelner Militärs, die sich in dieser Ange-
legenheit besonders hervortaten, erinnert der Autor auch an den kritikwürdigen
Umgang Mecklenburg-Vorpommerns mit diesem Erbe, das dem Lande in der
jüngsten Vergangenheit verloren ging.

Traditionell kommen auf dem Tag der Landesgeschichte neben erfahrenen,
ausgewiesenen Fachleuten auch Nachwuchswissenschaftler zu Wort. Das war
auch 2017 der Fall. Helmuth Braun (Rostock) rundete den Kreis der Beiträge
mit einem Überblick über die laufende Erfassung historischer Kirchenbibliothe-
ken in Mecklenburg aus dem 16. bis 19. Jahrhundert ab. Leider konnte dieser
aufschlussreiche Text im vorliegenden Band nicht abgedruckt werden.

Rostock, September 2018   Ernst Münch

Frömmigkeit und Weltlichkeit

Der Buchdruck der Brüder vom Gemeinsamen Leben in Rostock zwischen 1476 und 1532

VON NILÜFER KRÜGER

Am Anfang jeder Druckgeschichte steht Johannes Gutenberg, dessen epochale Erfindung des Buchdrucks mit beweglichen Metalltypen die gesamte Kulturlandschaft nachhaltig revolutionierte. Georg Christoph Lichtenberg schreibt im 18. Jahrhundet in einem Aphorismus: Mehr als das Blei in den Kugeln, hat das Blei in den Setzkästen die Welt verändert. So ist es verständlich, dass Gutenberg 1999 von einem amerikanischen Forscherteam zum Mann des Jahrtausends gewählt wurde, da alle bedeutenden Entwicklungen der nachfolgenden Jahrhunderte, seien es die Entdeckungsreisen des Columbus, die Reformation Luthers oder die Aufklärung des 18. Jahrhunderts ohne die Wirkungen des von Gutenberg geschaffenen Massenmediums nicht möglich gewesen wären.

Und auch unsere Brüder vom Gemeinsamen Leben würden ohne den Setzkasten noch immer Texte in mühevoller und langwieriger Arbeit abgeschrieben haben, wie ihre Confratres vergangener Jahrhunderte. Doch wer waren diese Brüder? Ihre Bruderschaft ging aus dem Lebenswerk des niederländischen Predigers Gert Groote (1340-1384) hervor, der sich – nach einer Jugend vielseitiger Freuden – zu einem Leben der Innerlichkeit und Buße bekehrt hatte. Seiner Anregung ist die Gründung der Kommunität 1383 durch seinen Freund, den Utrechter Vicarius Florentius Radewijns (1350–1400) in Deventer zu verdanken, die ein tätiges Laienchristentum mit den Zielen caritas, Studium, discisplina forderte und dem 15. Jahrhundert eine neue Frömmigkeigt, die Devotio moderna, bescherte.

Verinnerlichte Gläubigkeit in der Nachfolge Christi verbunden mit Nächstenliebe war den modernen Devoten Lebensziel. Sie lebten in eigenen Stadthäusern mit gemeinsamem Besitz, ohne an Gelübde gebunden zu sein. Ihren Unterhalt verdienten sie durch ihrer Hände Arbeit mit dem Abschreiben liturgischer und erbaulicher Schriften, Jugenderziehung und christlichem Wirken in der Welt. Ihr unauffälliges, wohltätiges Leben verschaffte den Brüdern weithin Ansehen und trug bei zur Verbreitung ihrer Bruderschaft auch außerhalb der Niederlande, so etwa in verschiedenen Teilen Deutschlands.

1401 wurde im westfälischen Münster das bedeutende Bruderhaus *Zum Springborn* gegründet, das im Jahre 1462 drei Brüder nach Rostock schickte, um eine neue Niederlassung der Bruderschaft zu gründen. Aufnahme finden sie auf dem Hof eines Rostocker Bürgers, genannt der Grüne Garten, welchen Namen die Brüder für ihre Stiftung übernehmen und sich hinfort *Fratres domus viridis horti* nennen. Hilfe gewähren ihnen auch Propst und Priorin des Zisterzienserinnen-Klosters Zum Heiligen Geist in Rostock, die ihnen zunächst Gebäude verpachten und – nach Ablösung der Pachtsumme – zu freier Benutzung übertragen. Sesshaft geworden erwirken sie 1472 päpstliche wie bischöfliche Konfirmation zum Bau einer Kapelle, etwas später zum Bau eines Bruderhauses und einer Kirche, die dem Erzengel Michael, dem Wächter und Schutzpatron des Reiches, geweiht sind (Abbildung 1). Zu sehen ist hier das Bruderhaus aus einer kolorierten Federzeichnung des Rostocker Krämers Vicke Schorler – der so genannten Vicke-Schorler-Rolle – überschrieben mit Fraterkloster, da man im Volksmund von den Michaelisbrüdern und von ihrem Haus als dem Michaelis- oder Fraterkloster sprach.

1475 sicherte eine Visitation durch das Münsteraner Mutterhaus, die den Brüdern löbliche Führung bestätigte, die Einrichtung einer Druckerei, die im Hinblick auf die Bedürfnisse der bereits 1419 in Rostock gegründeten Universität Weitblick bewies. Schon 1476 verließ das erste Buch die Druckerpresse der Brüder, eine Sternstunde für das Brüderhaus und die Stadt Rostock, die damit – nur ein Jahr nach Lübeck – zum zweiten Druckort Norddeutschlands aufstieg. Damit begann eine fast sechs Jahrzehnte während literarische wie typographische Wirksamkeit der Brüder. Gemessen an der Anzahl der Drucke gehörte ihre Presse sicher nicht zu den bedeutendsten, wohl aber in ihrer Standortfunktion für Norddeutschland, für die Universitätsstadt Rostock, für ihre Ausstrahlung nach Skandinavien und nicht zuletzt für die Belange des mecklenburgischen Herrscherhauses. Der Offizin werden rund 60 Drucke zugeschrieben: Kirchenschriftsteller, Predigtsammlungen, liturgische Werke, Erbauungsliteratur in lateinischer, niederdeutscher und auch dänischer Sprache. Kürzere Texte und Einblattdrucke ergänzen das Repertoire. Eine Auswahl möchte ich heute vorstellen.

Am 9. April 1476, dem Dienstag der Karwoche, verlässt das erste gedruckte Werk die neue Presse (Abbildung 2). Es sind die Werke des Lucius Caelius Firmianus Lactantius: *Divinae institutiones* (Göttliche Unterweisungen), *De ira dei* (Vom Zorn Gottes) und *De opificio dei* (Vom Schöpfungswerk Gottes). Der Druck ist eine Inkunabel, also ein vor 1500 gedrucktes Buch, das im Erscheinungsbild noch viel mit den handschriftlichen Vorbildern gemein hat. Die frühen Drucker wussten um die Aura, die eine Handschrift umgab und die der Käufer auch im Medium Druck wiederfinden sollte. Sie waren bemüht, viele durch Handschriften tradierte Merkmale in ihre gedruckten Erzeugnisse einzubringen.

So finden wir Abbreviaturen – also Abkürzungen – und Ligaturen – also Verbindungen mehrerer Buchstaben – oder auch Initialen, wie hier am Textbeginn der *Institutiones* eine rote M-Initiale, also einen in Größe und Form herausgehobenen Anfangsbuchstaben. Der erste Besitzer dieser Inkunabel hat sich fleißig mit dem Text auseinandergesetzt, was seine umfangreiche Glossierung beweist. Es wurde damit sein ganz individuelles Exemplar.

Lactantius, geboren um 250, stammte aus Nordafrika, lehrte zunächst Rhetorik, erlebte um 303 die ersten Christenverfolgungen in Kleinasien und war von dem Treiben so entsetzt, dass er sein offizielles Amt niederlegte und beschloss, sich für die Verteidigung und Festigung des neuen Glaubens einzusetzen. Die Bedeutung der vorliegenden apologetischen Schriften liegt auf geistigem Gebiet in der erfolgreichen Bekämpfung gegnerischer Positionen und umfangreicher Klassiker-Rezeption, auf formalem Gebiet an der Hochschätzung literarischer Form und anspruchsvoller sprachlicher Gestaltung. Damit war Lactantius ein Erbe klassischen Geistes in christlichem Gewand, der zu Recht den Ehrennamen *Cicero Christianus* erhielt.

Bereits am 30. Oktober 1476 erschien in zwei Bänden das Werk des Nürnberger Dominikaners Johannes Herolt: *Sermones de sanctis et de tempore.* Ziel dieser Predigtsammlungen war es, dem Seelsorger Texte zur volksnahen Predigt und Belehrung an die Hand zu geben, wozu besonders die vielen Exempel aus Heiligenlegenden beitrugen. Von Interesse sind hier vor allem zwei Druckerzeichen der Brüder (Abbildung 3). Auf der linken Bildseite findet sich das kleine Druckerzeichen am Ende des 1. Bandes nach der Schlussschrift. Eine mit dem Kreuz gekrönte Erdkugel, als Symbol des weltweiten Sieges des Christentums und europaweit bekannt in über 300 Varianten. Eine davon findet sich auf der rechten Bildseite und zwar als Schmuck im Binnenfeld der Initiale U. Die Arme des Kreuzes sind zu Ästen stilisiert, denen eine Knospe entspringt. So wird das Kreuz zum lebenden Baum, wie ihn schon das frühe Christentum kennt.

Hier ist ein Wort zur Datierung der Drucke zu sagen. Sie ist insofern problematisch, als nur wenige Drucke firmiert sind. So kennen wir das Erscheinungsjahr der Schrift des französischen Dominikaners Vincentius Bellovacensis (Vinzenz von Beauvais, gestorben um 1264): *De liberali ingenuorum institutione* – ein Hand- und Lehrbuch für Edelgeborene und ihre Lehrer – nur durch einen einmaligen Vorgang, nämlich die hier zu sehende Überdruckung der Schlußschrift mit einer neuen, die das Druckjahr 1477 enthält. Erhalten ist das Kuriosum in einem einzigen Exemplar, das die Landesbibliothek Stuttgart verwahrt (Abbildung 4).

Um das Jahr 1480 werden die *Metamorphosen* des Publius Ovidius Naso angesetzt (Abbildung 5). In einem großangelegten Geschichtsepos, vom Anfang der Weltschöpfung bis in die römische Kaiserzeit, beschreiben 256 Mythen die

Verwandlung von Gestalten in Pflanzen, Tiere oder Steine, wobei Liebesleiden-schaft, Rachsucht, aber auch Erbarmen auslösende Faktoren sein können. Hier wirkt die rote Eingangsinitiale I, als sei an ihren Schnüren ein Vorhang aufge-zogen zum Eintritt in die mythologische Wunderwelt der Verwandlungen. Eine kleine Holzschnitt-Initiale L thront keck darüber. Der Druck ist sparsam rubri-ziert und wirkt vor allem durch das harmonische Druckbild.

Die Verbannung Ovids durch Kaiser Augustus im Jahre 8 nach Christus sorgte für zwiespältige Aufnahme seines Gesamtwerkes. Doch hatte seine ef-fektvolle Rhetorik durchaus ihre Liebhaber, zum Beispiel den bereits genannten Lactantius. Die geistige Öffnung des 11. Jahrhunderts erst verhilft Ovids Werk durch die Eleganz der Sprache und die vollendete Kompositionstechnik zu brei-terer Wirkung. Die Werke werden glossiert, kommentiert und es entstehen Schulhandschriften. So ist der Druck der Brüder, in Anlehnung an die humanis-tischen Bestrebungen der Universität Rostock – an der auch die Magister der Brüder lehrten – wohl zu verstehen, jedoch ein wagemutiger Schritt gegenüber den christlich orientierten Vorgängerdrucken. Vielleicht war es auch die Ein-sicht, mit dem Druck eines *heydnischen Meesters* das Repertoire zeitgerecht zu erweitern, nicht zuletzt um den Lebensunterhalt zu sichern.

Im Jahr 1481 erscheint ein weiterer bedeutender Druck der Brüder, das Werk des Bernardus Claraevallensis: *Sermones super Cantica canticorum* (Pre-digten über das Hohelied) (Abbildung 6). Am Textbeginn sehen wir eine rot/blaue U-Initiale mit Knospen-Fleuronnee in Binnenfeld und Umrandung so-wie Spiralausläufern (Abbildung 7). Nach der Schluss-Schrift des Werkes findet sich das bereits vorgestellte kleine Druckerzeichen hier besonders markant als Rotdruck.

Bernhard von Clairvaux (1090–1152), aus burgundischem Adel, gehörte als Erneuerer des religiösen Lebens und Berater hoher Würdenträger zu den her-ausragenden Persönlichkeiten seiner Epoche, die auch als *bernhardinisches Zeit-alter* bezeichnet wird. Die Predigten zum Hohelied gelten als Bernhards Haupt-werk und bilden ein Kompendium monastischer Spiritualität. Mit poetischer Einfühlsamkeit, der Ausgewogenheit von Inhalt und Form, der Fülle von Bildern und Farben gehört das Werk zu den meistüberlieferten Schriften des Mittelalters.

Zu den herausragenden Leistungen der Michaelis-Druckerei gehören zwei-fellos die beiden Missale-Drucke für die Diözese Schwerin. Undatiert, werden sie auf 1480 und 1500 angesetzt. Das ältere Exemplar wird in der Landesbiblio-thek Schwerin verwahrt, das jüngere in der Universitätsbibliothek Rostock.

Messbücher enthalten die vorgeschriebenen Gebete, Lesungen und Ge-sänge für das Kirchenjahr und wurden in kirchlichem Auftrag gedruckt. Sie stell-ten besondere Anforderungen an den Drucker: mehrere Typenalphabete ver-schiedenen Schriftgrades, die ein harmonisches Druckbild ergeben mussten,

Schwarz- und Rotdruck, neumierte Gesangsteile, vorzugsweise Pergament und auch das Kanonbild – ein Holzschnitt mit der Kreuzigungsszene – sollte nicht fehlen.

Hier sehen wir das Schweriner Missale von 1480 (Abbildung 8). Es ist auf Pergament gedruckt. Den Textbeginn mit dem Anfang des Offiziums zum 1. Sonntag im Advent aus dem 24. Psalm: *Ad te levavi animam meam* ... ziert eine aufwendige Fleuronnee-Initiale mit blauen Akanthusranken auf dunklem Grund, in den Binnenfeldern und am Buchstabenkörper findet sich Knospenfleuronnee und das so genannte Froschlaich-Motiv – eine Perle mit Kern –; Fadenausläufer begleiten den Textrand. Überschriften und einzelne Offiziumsteile sind rot gedruckt. An allen Gebetsanfängen des Werkes finden sich blaue und grüne Fleuronnee-Initialen und reichliche Rubrizierung. Leider fehlen das Kanonbild und der Anfang des *Canon major* als Kernstück der Messe. Wie so häufig war es Beute unrechtmäßiger Liebhaber!

Kommen wir zum Rostocker Exemplar, gedruckt um 1500 (Abbildung 9). Es bringt nur den Kanon auf Pergament. Als Kernstück der Messe wurde der *Canon major*, beginnend mit dem Gebet *Te igitur*... von jeher besonders sorgfältig ausgestattet. Die T-Initiale, in Form des Antoniterkreuzes, bot sich dafür in hohem Maße an. Die Darstellungen in der christlichen Kunst als *Baum des Lebens* gingen in die Initialgestaltung ein: auf sattem blauen Grund rote stilisierte Herzpalmetten, in den Seitenfeldern Medaillonranken, das Initialfeld umrahmt von Knospen-Fleuronnee mit feinen Spiralausläufem. Die Messworte sind schwarz, die Anweisungen für den Geistlichen und für das Kreuzschlagen sind rot gedruckt. Der Verlust des Kanonbildes ist auch hier zu beklagen. Fehlende Blätter an entsprechender Stelle beweisen das zwar noch nicht, da auch Ausgaben ohne das Kanonbild belegt sind, wohl aber ein auswärts belegtes Exemplar dieses Druckes, das erfreulicherweise von Dieben verschont wurde (Abbildung 10).

Die bisher vorgestellten Drucke sind Inkunabeln, die weitgehend in Ausstattung und Erscheinung das Bild mittelalterlicher Handschriften widerspiegeln sollten. Nach 1500 jedoch verschwindet die Farbigkeit aus den Drucken nach und nach. Gesteigerte Nachfrage nach Büchern, arbeitsintensive Herstellung, wohl auch Modetendenzen mögen eine Rolle gespielt haben. Es setzt sich mehr und mehr der Holzschnitt in der Nachfolge Albrecht Dürers und der italienische Renaissancestil als Schmuckelement des gedruckten Buches durch. Es erhält weitgehend Schwarz-Weiß-Charakter.

Erst in den 20er Jahren des 16. Jahrhunderts lässt sich ein stärkeres Ansteigen der Druckertätigkeit der Brüder beobachten. So ist die 1521 fertiggestellte

Agenda nach dem gottesdienstlichen Brauch der Diözese Schwerin mit Anweisungen für alle liturgischen Handlungen ein bedeutendes Werk, sicher auch im Selbstverständnis der Brüder (Abbildung 11).

Wir sehen den Titel in einen Architekturrahmen gestellt. Kräftige Säulen mit Laubwerk-Kapitellen tragen das Gesims, bekrönt von einer wulstigen Blattgirlande, gehalten durch kettenförmige Behänge. In grotesker Manier schiebt sich aus der Mitte ein menschliches Antlitz. Im Sockel finden sich verlängert und verfremdet vogelähnliche Körper. Hier sei angemerkt, dass „grotesk" in der Renaissance-Ornamentik nicht komisch bedeutet, sondern symbolisch oder mythologisch.

Nun soll einmal gezeigt werden, wie ein Gesangsteil der Messe im Druck aussieht: *Ad censuratos* – gegen die mit Kirchenstrafen Belegten (Abbildung 12). Am Textbeginn die Antiphon *Media vita in morte sumus*, auch der Anfang des später von Luther verdeutschten Chorals *Mitten wir im Leben sind von dem Tod umfangen*. Hier ist es der Leitvers aus dem Responsorium, also dem Wechselgesang zwischen dem Katecheten und der Gemeinde, das am Gründonnerstag gesungen wurde. Der aufwendige Druck zeigt die Holzschnitt-Initiale M und die holzgeschnittene Hufnagelnotation auf rotem Vierliniensystem.

Am Schluss der Agenda ist bemerkenswert die große Druckermarke der Offizin mit Darstellung des Hl. Michael – dem Schutzpatron der Brüder (Abbildung 13). Der Heilige erscheint auf der Erdkugel stehend – in Anlehnung an frühe byzantinische Mosaiken – in langem Gewand, geflügelt und mit Kreuzstab. Dazu schwingt er das Schwert und durchbohrt den als Satan dargestellten Drachen. Auch die spätmittelalterliche Deutung als Seelenwächter, als Anwalt und Begleiter Verstorbener – das zentrale Thema des Jüngsten Gerichts –, ist in die Darstellung aufgenommen. In der Linken hält er die Waage des Gerichts, die alle Taten der Seele sorgfältig wägt. Hier neigt sie sich deutlich zu Gunsten der guten Taten – dargestellt als unschuldiges Kind – womit die Seele gerettet und in die Reihe der Seligen aufgenommen wird. Die thematische Überfrachtung des Bildes verrät die Spätphase des behandelten Stoffes, der Holzschnitt dagegen zeugt von gediegener handwerklicher Arbeit.

An den bewegenden Themen der Zeit hat auch die Michaelis-Presse ihren Anteil. Aus dem Jahr 1526 stammt das *Enchiridion ...*, ein *Handbuch der Hauptstücke des Glaubens gegen die Lutheraner* von Johann Eck (1486–1543), der in den religiösen Auseinandersetzungen der Zeit eine bedeutende Rolle spielte und in Rom beim Papst die Untersuchungen gegen Luther maßgeblich beeinflusste (Abbildung 14). Den Titel schmückt ein Renaissance-Rahmen mit seitlich kandelaberartig getürmten Säulen und kettenartigen Gehängen. Den oberen Abschluss bilden zwei Fabelwesen mit Fischleib und Löwenkopf, den unteren ein

Dudelsack spielender Narr, umgeben von Schellengerank. Auch hier fällt die groteske Manier ins Auge.

Das Schicksalsbuch der Brüder sollte 1532 das – unter dem Namen des Hieronymus Emser (1478–1527), einem der stärksten Gegner der Reformation – erschienene antilutherische Neue Testament in der niederdeutschen Bearbeitung der Brüder werden (Abbildung 15). Auf Beschwerden Luthers hin, untersagte der evangelisch gesinnte Herzog Heinrich V. von Mecklenburg den Druck, den die Brüder jedoch, im Vertrauen auf den katholisch gebliebenen Bruder des Herzogs, Albrecht VII., heimlich fortsetzten. Ihr Rektor erhielt daraufhin Hausarrest, der Drucker eine Haftstrafe und die Brüder erhielten Druckverbot. So war Emsers Neues Testament ihr letzter umfangreicher Druck.

Wir sehen den Titel in ein Renaissance-Portal gestellt. Kraftvolle Sockel tragen starke mit Säulen und Kettengehängen geschmückte Pfeiler. Der Stecher, der auch für die Rostocker Druckerei von Ludwig Dietz arbeitete, gibt sich mit den Initialen P B in den Säulen zu erkennen. Im Rundbogen findet sich die Jahreszahl des Stiches 1530, in den Ecken Halbmond und Stern.

Aus demselben Werk sehen wir den Beginn des niederdeutschen Matthäus-Evangeliums (Abbildung 16). Im Binnenfeld der Holzschnitt-Initiale D ist der Evangelist mit seinem Buch als Engel symbolisiert. Am Schluss des Werkes findet sich ein spätes Druckerzeichen der Brüder wiederum mit dem Hl. Michael und der Umschrift: *RVMPERE – LIVOR – EDAX*, übersetzt etwa *Berste blasser Neid* – (Abbildung 17). Der Streitspruch soll auf interne Auseinandersetzungen mit der evangelischen Druckerei von Ludwig Dietz zurückgehen, der fraglos in dieser Umbruchzeit auf der richtigen Seite stand.

Werfen wir noch einen Blick auf Kleindrucke der Brüder (Abbildung 18). Druckaufträge der Kirche gehörten zweifellos zur wichtigsten Existenzgrundlage einer Druckerei. Hier spielten Ablassbriefe eine bedeutende Rolle. Sie wurden als Einblattdrucke in mehreren Tausend Exemplaren hergestellt und mit der Auslieferung floss das Geld, um den Absatz kümmerte sich der Auftraggeber. Ablassbriefe sind seit dem 13. Jahrhundert ausgestellte Belege für eine durch Geldzahlung erwirkte Tilgung von Kirchenstrafen, die bei Missachtung göttlicher oder kirchlicher Gebote ausgesprochen wurden. Ablass konnte ursprünglich nur durch Beichten, Beten oder ein Werk der Wiedergutmachung – etwa die Teilnahme an einem Kreuzzug oder eine Wallfahrt – gewährt werden. Im Laufe der Zeit wurden statt Bußleistungen jedoch immer höhere Geldbeträge akzeptiert, die zu einer veräußerlichten Ablasspraxis führten und damit zu Auswüchsen, die mit dem Namen des berüchtigten Ablasspredigers Johann Tetzel verbunden sind. Seine Devise lautete: *Wenn das Geld im Kasten klingt, die Seele*

aus dem Fegefeuer in den Himmel springt. Die scharfe Kritik Luthers am Ab-
lasswesen – auch in seinen 95 Thesen formuliert – war eine der Ursachen der
Reformation.

Auch die Offizin der Brüder hat Ablassbriefe gedruckt. Betrachten wir auf
vorliegendem Bild ein Beispiel: Es ist Papst Innozenz' VIII. Ablass zu Gunsten
des polnischen Königs im Kampf gegen die Türken von 1486. Bekannt ist, dass
unter diesem Papst Nepotismus und Korruption herrschten und Hexenprozesse
gefördert wurden. Innozenz VIII. war auch der erste Papst, der direkte Bezie-
hungen zur Hohen Pforte – also dem osmanischen Reich – unterhielt. Gegen
einen beträchtlichen jährlichen Geldbetrag hielt er den Prinzen Cem, Bruder von
Sultan Beyazid II., gefangen. Man sehe, Frömmigkeit und Weltlichkeit auch in
allerhöchsten Kreisen!

Die Bedrohung, der sich das Abendland durch das Vordringen der Türken
auf dem Balkan gegenübersah, wird auch in Amtsschriften deutlich, etwa die im
Auftrag Herzog Heinrichs V. von Mecklenburg 1523 bei den Brüdern gedruckte
Schrift über das Verlesen eines Gebetes bei Türkengefahr (Abbildung 19).
Schon 1521 war Belgrad gefallen! Und die Belagerung Wiens durch das türki-
sche Heer zeichnete sich ab.

Das mecklenburgische Herrscherhaus beauftragte die Offizin der Brüder
auch mit dem Druck üblicher Landtags- und Steuerausschreibungen, die Formu-
larcharakter hatten, häufig textgleich waren und allenfalls am Anfang eine
schmückende Cadelle aufwiesen, also einen Großbuchstaben, dessen Schäfte
und Bögen aus parallel laufenden, sich zum Teil kreuzenden breiten Strichen
gebildet sind (Abbildung 20). Hier sehen wir das Sendschreiben Herzog Albrechts VII. an die Landstände von 1526 mit der Mahnung ihren Verpflichtungen
gegenüber der Geistlichkeit nachzukommen.

Wenden wir uns einer letzten Kategorie von Drucken zu, die sprachlich und
inhaltlich in vielerlei Hinsicht interessant sind (Abbildung 21). Zu lateinischen
und deutschen Texten gesellen sich ab 1525 dänische. Und nicht nur die Sprache, sondern auch der Inhalt ist erstaunlich. So finden sich Schriften zur dänischen Thronfolge und Streitschriften zur Reformation in Dänemark. Dass dieses
Auftragsdrucke waren, ist klar. Weniger klar ist die ambivalente – sonst so ein-
deutig katholische – Haltung der Brüder. Man musste ja vielleicht nicht glauben,
was man druckte, aber essen musste man schon!

Das Bild zeigt einen dänischen Druck von 1526: *Een Christlig vnderwyßningh* ...ist die Übersetzung von Luthers *Sermon von der Betrachtung des ...
leydens Christi* und seines *Betbüchleins* durch den Karmeliter-Prior Paulus Eliä
(Poul Helgesen), der hier noch ein Förderer der Reformation, später ihr erbitter-
ter Gegner wurde. Wir sehen am Textbeginn in einem Rahmen mit gepunktetem

Untergrund die Holzschnitt-Initiale T, an deren Armen einander zugewandte Vögel hängen. Darunter befindet sich ein Halbbogen mit dickem Fruchtknoten.

Auch als Verleger seien die Michaelis-Brüder noch erwähnt, die 1529 ein Breviarium für die Diözese Schwerin in Paris bei Thielman Kerver drucken ließen (Abbildung 22). Auf den Vertrieb durch die Offizin der Brüder wird im Titel ausdrücklich verwiesen. Das Titelblatt bringt den Text in figuraler Schriftfläche als Dreieck. Zwei kleine Holzschnitte zeigen links den Evangelisten Johannes mit seinem Symbol, dem Adler, und rechts die Jungfrau Maria mit Kind und Adoranten.

An dieser Stelle sei eine Anmerkung erlaubt: seit ich Handschriften und Drucke bearbeite, ärgere ich mich über die Unsitte der Bibliothekare des 19. Jahrhunderts, die ohne Rücksicht auf Verluste ihre Bibliotheksstempel an die unpassendsten Stellen setzten – so auch hier im Bild – und damit so manche Seite ihres ästhetischen Reizes beraubten.

Wir sind am Ende einer Auswahl von Drucken der Michaelis-Presse aus 56 Jahren, angefangen vom klassischen Altertum, über das christliche Mittelalter bis hin zu den bewegenden Jahrzehnten der Reformation, deren Zeugen die Brüder selbst wurden und wohl schmerzhaft die Notwendigkeit des sich Wandelns in einer sich wandelnden Welt erkannten.

Wir jedoch verdanken den Rostocker Brüdern vom Gemeinsamen Leben zu Sankt Michael eine Bereicherung kultureller Überlieferung, an die wir uns im Wandel auch unserer sich rasant wandelnden Welt mit Freude erinnern wollen.

Dieser Beitrag beruht auf folgenden Veröffentlichungen (mit weiterführender Literatur):

KRÜGER, Nilüfer: Die Rostocker Brüder vom Gemeinsamen Leben zu Sankt Michael. Rostock 1999 (Veröffentlichungen der Universitätsbibliothek Rostock 127).

KRÜGER, Nilüfer: 525 Jahre Buchdruck in Rostock. Die Druckerei der Brüder vom Gemeinsamen Leben. Rostock 2001 (Veröffentlichungen der Universitätsbibliothek Rostock 132).

Abbildungen

Abbildung 1
Das Fraterkloster aus der Vicke-Schorler-Rolle

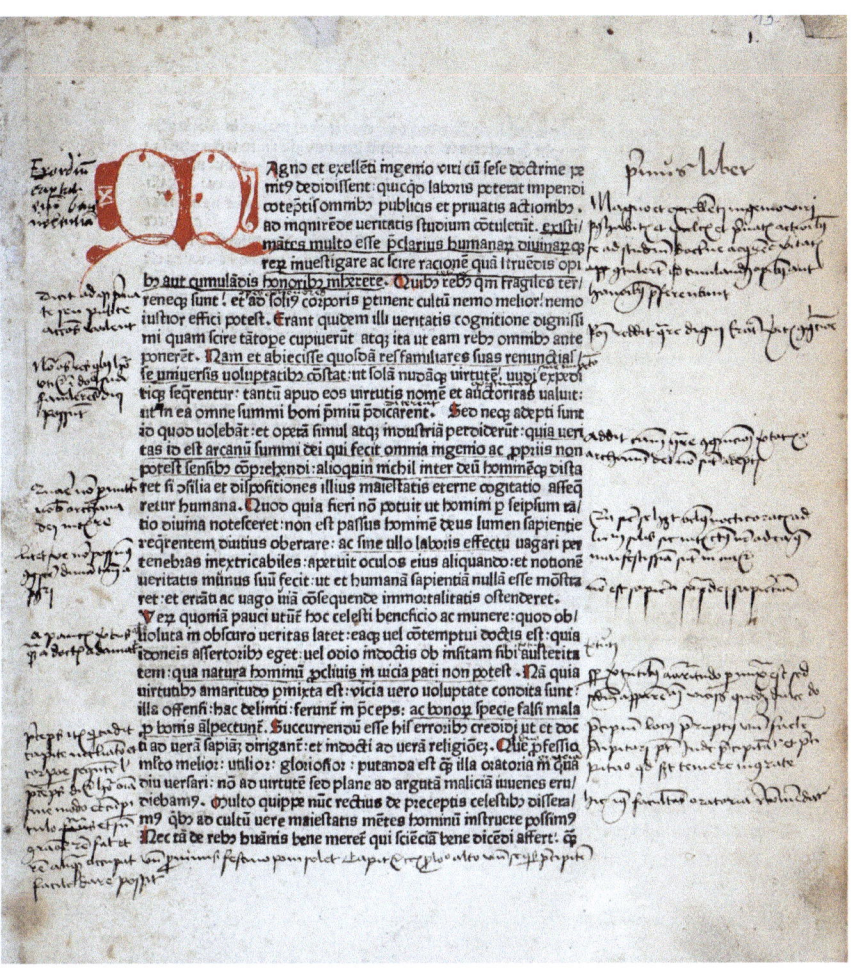

Abbildung 2
Lactantius: Divinae Institutiones Druck von 1476

Deo Gratias

Vmilibus placent humilia: Domus gratia rei doctor hic pcellens suppressso proprij nominis vocabulo: Sermones hos phabitos Dilapuli prenotatos: q̃ alias maluit nuncupari. Quicq̃ tamen ut luce clarius patet de sub manibus pceptoris euasit doctor magistri. Huic applaudere huc efferre laudibus huc predicarii in miretur nemo cum certissime constet inter modernos ser/ monistas eū in vulgi scientia tenere pricipatum Huius igit̃ zeli cupientes sue osortes nos stres presbiteri et Clerici viribul orti in Rostok ad Sctm oichaelem: non verbo s̃ scripto poicites vig̃ hunc pclar̃ apud paucos in coclauis latitem foras eduximus Arte impressoria artiū om mi ecclesie sancte comodo magistra in notidam plurimop ad laude cun̄ ripobus dei. Anno in/ carnationis domice. m.cccc.lxxvi. tertio kal̃ das Nouembris.

Tile et ex proli ens ē virol predi catol res si ue p/ dical dois: offici o del

ditos primop salute pet terra discurrendo q̃ rentes exemplis abundare Nam exempla fa cilius intellectu capiuntur et sicmius memo/ rie imprimuntur et a multis libentius audiun/ tur. Legimus enī patrem briscum ordinis p̃ dicatop slidatoris hoc fecisse. de eo sic quidem scribitur q̃ vbicūq̃ conversabatur edificacio/ mis effluebat sermonibus. abundabat exem/ plis quibus ad amorem chasti seculi ve con tem ptu audientium animos puocabat Ideo intento diuina gratia assistente mihi in hoc vo lumine q̃ð promptuariū exɨplop dilapuli intitu lat multa exɨpla ex diuersis libris colligere et illa exempla locare secundum ordinem alpha beti. vt quis facilius inuenire poterit exɨplup ad quācumq̃ materiam qua predicare inten/ dit ad vtilitatē populi et ad omnipotentis dei laudem et honorem qui est benedictus in secu la seculop Amen Incipit capitulum de A

Abbildung 3
Druckerzeichen aus Johannes Herolt: Sermones Druck von 1476

a textus et a similitus pcedentes ad sua gloriam spiritu comini duc/ tore veritatis: consolamini interim in verbis istis Bene ac diu valeat in vobis modestia regic maiestatis C simit Epistola consolatoria De morte amici Super oia benedictus deus in secula. A CO E N ·

C Presens opusculū editur a fratre Vincentio Vincenti Belluacen ordinis predicatorum religiosissimi professoris de liberali ingenio institutione puectet eodem eqone liber himt foeliciter ·

C Hic est ille Vincentius memorādus historicus: moralis pater et naturalis cognitor disciplline: vniuerse etiam doctrine accuratus fide/ lisq̃ diffusor · Quibus de rebus ingentia scripserit bisbina volumina que ob nudam aptamq̃ veritatem q̃ preferunt specula nuncupantur Hic ppter singularez monstria et exquisitum ingeniū Ludowico re

Abbildung 4
Vincentius Bellovacensis
Lehrbuch für Edelgeborene Überdruckung der Schlussschrift 1477

Liber primus Metamorphoseos Publij Ouidij Nasonis: Incipit.

In noua fert animus mu
tatas dicere formas
Corpora: dij ceptis nam
uos mutastis et illas.
Aspirate meis: primaq; ab
origine mundi
Ad mea perpetuum dedu
cite tempora carmen.
Ante mare et terras: et
quod tegit omnia celum
Vnus erat toto nature
uultus in orbe:
Quem dixere chaos: ru
dis indigestaq; moles.
Nec quicq; nisi pondus in
ers: congestaq; eodem
Non bene iunctarum discordia semina rerum.
Nullus adhuc mundo prebebat lumina titan
Nec noua crescendo reparabat cornua phebe.
Nec circunfuso pendebat in aere tellus
Ponderibus librata suis. nec brachia longo
Margine terrarum porrexerat amphitrite.
Quaq; erat et tellus: illic et pontus et aer.
Sic erat instabilis tellus: innabilis unda.
Lucis egens aer: nulli sua forma manebat.
Obstabatq; alijs aliud: quia corpore in uno
frigida pugnabant calidis: humentia siccis.
mollia cum duris: sine pondere habentia pondus.
Hanc deus et melior litem natura diremit
Nam celo terras et terris abscidit undas.
Et liquidum spisso secreuit ab aere celum.
Que postq; euoluit: cecoq; exemit aceruo
Dissociata locis concordi pace ligauit.
Ignea conuexi uis et sine pondere celi
Emicuit: summaq; locum sibi legit in arce
Proximus est aer illi leuitate locoq;
Densior his tellus. elementaq; grandia traxit
Et pressa est grauitate sua. circunfluus humor
Vltima possedit: solidumq; coercuit orbem.

Sic ubi dispositam quisquis fuit ille deorum
Cogeriem secuit: sectamq; in membra redegit
Principio terram ne non equalis ab omni
Parte foret. magni speciem glomerauit in orbis
Tum freta diffudit. rapidisq; tumescere uentis
Iussit: et ambitu circundare littora terre.
Addidit et fontes. et stagna immensa. lacusq;
Fluminaq; obliquis cinxit decliuia ripis.
Que diuersa locis partim sorbentur ab ipsa
In mare perueniunt partim: campoq; recepta
Liberioris aque. pro ripis littora pulsant.
Iussit et extendi campos. subsidere ualles.
fronde tegi siluas. lapidosos surgere montes
Vtq; due dextra celum. tutidemq; sinistra
Parte secant zone: quinta est ardentior illis
Sic onus inclusum numero distinxit eodem
Cura dei. totidemq; plage tellure premutur.
Quarum que media est: non est habitabilis estu
Nix tegit alta duas: totide iter utraq; locauit
Temperiemq; dedit mixta cum frigore flamma
Imminet his aer. qui quanto est pondere terre
Pondere aque leuior: tanto est onerosior igne
Illic et nebulas. illic consistere nubes
Iussit. et humanas motura tonitrua mentes
Et cum fulminibus facientes frigora uentos
His quoq; non passim mundi fabricator habendum
Aera permisit. uix nunc obsistitur illis.
Cum sua quisq; regat diuerso flamina tractu
Quin lamen mundum: tanta est discordia fratrum
Eurus ad auroram nabateaq; regna recessit
Persidaq; et radijs iuga subdita matutinis
Vesper et occiduo que littora sole tepescunt
Proxia sunt zephiro: scythiam septemq; triones
Horrifer inuasit boreas. Alia tellus   stro.
Nubibus assiduis: pluuiisq; madescit ab au
Hec sub imposuit liquidum et guttate carente
Ethera. nec quicq; terrene fecis habentem.
Vix ita limitibus discreuerat omnia certis.
Cum que pressa diu massa latuere sub ipsa.
Sydera ceperunt toto efferuescere celo.
Heu regio foret ulla suis animalibus orba.
Astra tenet celeste solum. formeq; deorum.
Cesserunt nitidis habitande piscibus unda.

Abbildung 5
Ovidius: Metamorphosen Erstes Buch Druck von 1480

Abbildung 6
Bernardus Claraevallensis: Sermones super cantica canticorum
Druck von 1481

Ad laudem et gloriam omnipotentis dei · gloriose virginis marie · et omnium sanctoꝝ · Finiunt feliciter elegantissimi atꝫ pulcherrimi sermones beati · Bernardi clareuallésis abbatis doctoris mellislui super Cantica canticorum suma cu diligen cia correcti atꝫ impressi in Rozstock per fratres Cois vite · ad sanctu Michaelem · Anno a natiuitate domini · Millesimo quadring entesimooctuagesimoꝑmo qͤnto kalédas Augusti ·

Abbildung 7
Druckerzeichen aus Bernardus Claraevallensis 1481

Abbildung 8
Missale Sverinense um 1480 Textbeginn zum ersten Sonntag im Advent

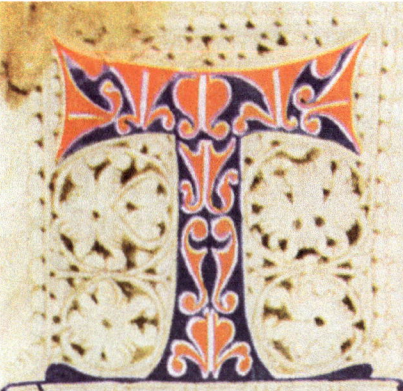

Te igitur clementis
sime pater per ihm
xpm filiu tuu dnm
nrm supplices ro
gamus ac petim⁹:
vti accepta habeas
z bndicas. Hec +
dona. Hec mu +
nera Hec sca + sa
crificia illibata .
In primis que tibi
offerim⁹ p ecclesia
tua sca catholica:
qua pacificare cus
todire adunare et

rege digneris toto
orbe trarū. vna cū
famulo tuo papa
nró. N. et antistite
nró. N. et rege nro
N. z omnibz ortho
doxis acoz catholi
ce z apostolice fidei
Meme cultoribz
to dñe famulo
famularūmz cuaz. N
Meoria viuoz. Et
oim circūastanciū
quoz tibi fides cog
nita e. z nota deno
cio p quibz tibi offe
rim⁹. vł qui tibi of
feriūt hoc sacrificiū
laudis. p se suisz
omnibz: p redēpcoe
aiarū suaz: p spe

Abbildung 9

Missale Sverinense um 1500 Beginn des Canon major

Abbildung 10
Missale Sverinense Kanonbild

Abbildung 11
Agenda der Diözese Schwerin 1521

Abbildung 12
Antiphon aus dem Responsorium der Schweriner Agenda 1521

Roſtochij apuð Diuum Oichaelem ex ffratrū chalcoty/
pa cfficina hec agenða impreſſa fauſte finem acce/
pit. Anno a Chriſto nato O·D·xxi·vi/
cefimaoctaua Augusti·

Abbildung 13
Große Druckermarke aus der Schweriner Agenda 1521

Abbildung 14
Johann Eck: Handbuch des Glaubens gegen die Lutheraner 1526

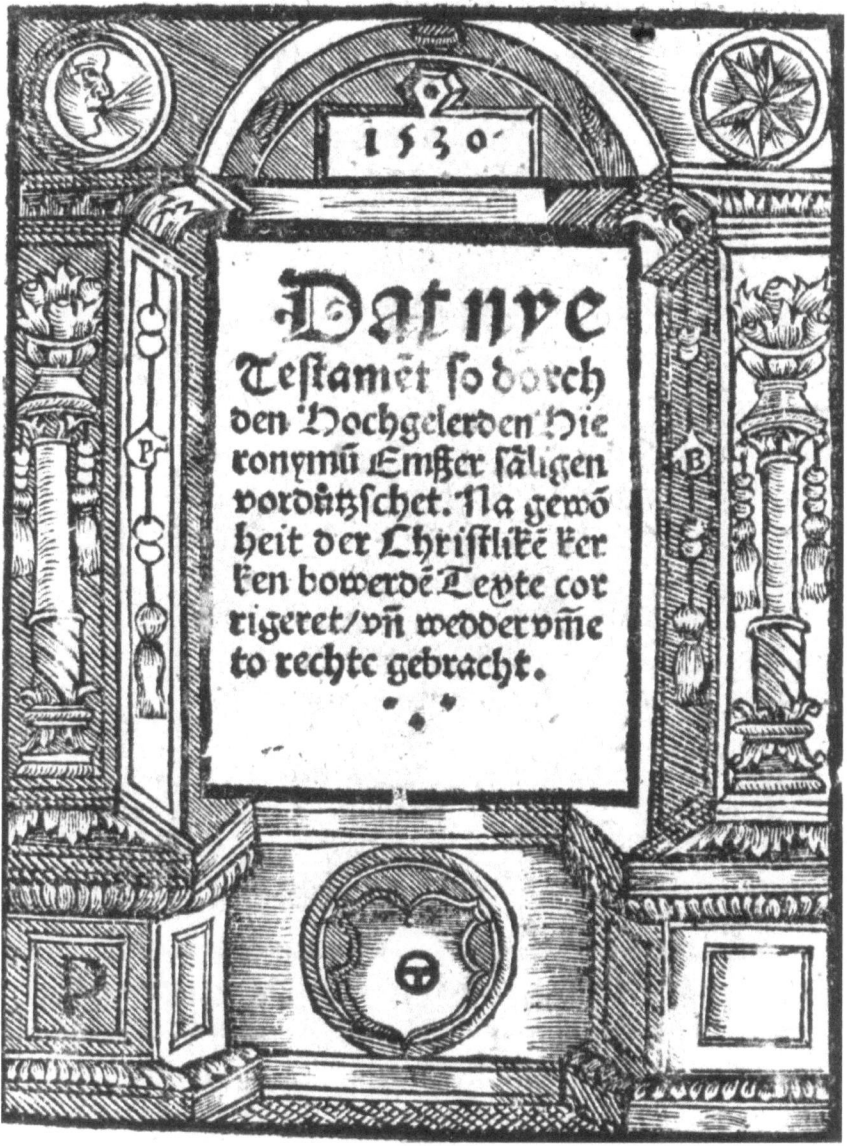

Abbildung 15
Hieronymus Emser: Das Neue Testament Titelblatt Druck 1532

Euangelium Matthei

⁋ Dat erſte Capitte

⁋Summa⁋ Van welkē vozōldern El
vnde wo de vozdechtuyſſe van der Jul
ſeph/dōzch den Engel affgelecht is

dat he deſſen twen ſunderlick/vnde n

Abbildung 16
Hieronymus Emser: Das Neue Testament Beginn des Matthäus-Evangeliums
Druck 1532

Apostele Ca.xxviij. Fo.CC xlviij
hören/ Vnde do idt de Jöden hörede/ vnde sulckes redede /gyngen se hen vnde hadden einen groten kyff manck syck suluest
Paulus ouerst bleff twe gantze iar in syner fryen waninge/ vnde nham vp alle de to ehm in qwemen predykede dat ryke Gades/ vnde lerede van deme heren Jesu myth aller vortruwynge ane vorbedynge

Finis

Abbildung 17
Hieronymus Emser: Das Neue Testament Schlussschrift
mit Druckerzeichen 1532

Innocentius Epūs Seruus seruoꝝ deī

Ad futurā rei memoꝛiā Catholice fidei defensio ꝛꝫ no ꝛre cure
celitus ꝯmissam ac ꝗꝑiane religionis augmētū ⁊ aīaꝝ salutē
supꝛemis desideꝛātes affectibȝ.ad ea libēter intēdim⁹ vt deb⁹
per que pfidissimoꝝ Turcoꝝ crudelissimoꝝ eiusdē fidei hos-
tiū ⁊ alioꝝ infideliū ac barbaraꝝ nationū nephāda ꝯpmatur
iniꝗtas ⁊ eoꝝ fera ac furiosa ꝯpescatur audacia ⁊ ꝺnāndi libi
do.⁊ vt eiusdē fidei cultoꝛes catholicos reges ⁊ pncipes Tur
coꝝ barbaroꝝ ⁊ alioꝝ infideliū eoꝝdē expugnacōi.⁊ Reipub
lice ꝗꝑiane aduersus eos ⁊ eoꝝ ipetus defestioni vacātꝫ sequā
tur ⁊ ꝯgrua eisꝗ ad id possibilia auxilia ad tā scm̄ ⁊ tā perne
cessariū tāꝗ imoꝛtali deo cui⁹ causa agitur acceptū opus p̄stēt
quibusdā allectiuis muneribȝ ex thezauris quos redemptoꝛ nr
dn̄s Jhesus xps apostoloꝝ pncipi ac regni celestis clauigero ⁊
eius successoꝛibȝ ꝯcessit indulgēcijs videlicet ⁊ pccoꝝ re. missi
onibus exhoꝛtamur.ac al's grās ⁊ concessiones per quas huic
sanctissimo operi melius atꝗ libētius vacare possint eis elar-
gimur. Sane nō sine graui animi nostri displicēcia ex lris ca
rissimi in xpo filij kazimiri Polonie Regis illustris.ac relacōe
venerabilis fratris nostri Johānis epi pꝛemissien ⁊ dilecti filij
Nobilis Raphaelis de Lessuo Militis Pozuanien dyoceβ oꝛa
toꝝ suoꝝ ad nos ⁊ sedē aplicā pꝛo pꝛestāda nobis ⁊ eidē sedi
moꝛe catholici pꝛincipis debita obediēcia destinatoꝝ intellexi-
mus.certioꝛesꝗ al's facti sumus ⁊ indies magis reddimur.
ꝗ̄ seua ⁊ perfida ac nequissima Turcoꝝ ⁊ Tartaroꝛū gens
xpiano nomini inimicissima nōcessat quotidie cū magno ipe-
tu eiusdē Regis terras loca atꝗ dominia inuadere.illaꝗ igne
ferroꝗ vastare ⁊ nil aliud moliri nisi vt polonie Regnum ⁊
alia eiusdē Regis dominia occupēt ⁊ in miserabilem seruitu
tem redigāt ac vt xpianū nomen ex toto in partibus illis deleant.
omnes suos diuertūt cogitatus.tātaꝗ est eoꝝ rabies.tāta dominādi
libido.tātus extinguēde fidei ardoꝛ.vt nil aliud die noctuꝗ excogi-
tent nisi vt sic superatis polonis ⁊ alijs ipsius Regis subditis. alia
loca xpianoꝝ finitima sue spurcissime secte subijciant.Et licet pꝛefa
tus Rex ⁊ alij pdecessoꝛes sui Polonie Reges qui hactenus fuerūt
semper vt vere catholicos pncipes decet pꝛo eoꝝ viribus aduersus
eosdē Tartaros ⁊ Thurcos restiterint.tn̄ nisi a xpifidelibus eidem

Abbildung 18
Papst Innocentius VIII. Ablass von 1486

Van gods gnaden Hinrick/hertoge tho Meckelnborch/ Forste tho wenden/Greue to Sweryn/ Rostock vnd Stargard der lande here

Lieue getruwe. Alse de Torcke mit grotem gewalt/in de Christenheit/mit vnderdruckinge dersuluen/vnd des christliken volcks/sick vnderstehet tho dringen. Vnd keyserlike Maiestet vnse allergnedigiste herre/vorordent/got den alweldigen antoropen/vnd to bidden laten/solke des Torcken/gewalt same vnd tyrannische farnemen/ vann der Christenheyt barmhertichliken thowenden/ Vnd derhaluen tobestellen/alle sondage/inliggende vormanin ge/deme gemeynen volcke/dorch ere preddiger/opentlick/van den preddi gestolen/thovorlesen laten. So begeren wy/wollest solcke vormaninge/alle sondage deme gemeynen volcke/dorch de preddiger/ vnses amptes dynes vorwesens van deme predigestole/tovorlesen bestellen. Des willen wy vns tho geschene vorlaten/Datum Sweryn am dage Johannis baptiste. Anno domini xf xxiij.

Abbildung 19
Herzog Heinrich von Mecklenburg Verordnung zur Verlesung
eines Gebetes bei Türkengefahr 1523

Van gades gnaden Albrecht
Verthoge tho Mecklnborch ꝛc.

nnfenn gunſtigenn wyllen touorn/Erbare lie
truwe/Als ſick tuſchen Geiſtlicken vnſer Forſtendome/vnd la
eynem/ond etlicken wertlicken/van Adel/vñ Steden/anders
van wegen der tynſſe/pechte/vnd ierlicken nuttingen/vnd jnk
dar ane den Geiſtlicken/vorkortinge/vnnd vorhindrynge/kort
beuaren/beiegent/jrringen/vnd twedracht/geholden/vnder d
van Er   ock angegeuen/ ꝛ
klaget   worden/dat   tho
pechte vnd gerechicheit tho
gehorich/vorentholden/vnd   der/vndertagen hebben ſchol
Vñ die Vochgeborne forſte vnnſe lieue broder Here Dinrick/ k
tho Mecklnborch ꝛc.vnd wy/gedachte vnſe licuen andechtigen/
truwen/Geiſtlicke/vnnd werltlicke/berurder erher gebrecken h
mit erher beydeſyders weten/vnd wyllen/jnholdes eynes vpge
vordrages/jn der gude voreiniget/vnd vordragen hebben/ S
ſende wy   furder tho erynneringe des ſuluen/eyne affchrifft
des vordrages byr by vorwart/Vnd begeren der haluen mit e
ſlyte wylle   deſſuluen vordrages/ſo vele   des l
vngeweygert holden/vnd berorden
pechte/boringe vnd gerechticheit/jn aller mathen/wo   die
jnnegehat/genaté/vñ gebruket   /folgen/vñ jn beſittꝛ
ſuluen/wedderůme kamen laten/Dan wo   der haluer
langen hebbe   /wyllen wy   vp   anſoket/nha antöge g
Receß/der haluen wat billick/vnd recht js/wedder enhe geſtaꝛ
vorhelpen lathen/So   ouerſt   dar auer an ſoicke
gerechticheit/vnerkant des rechten/furder touorhindern
ſtaen/vnd   die nicht folgen laten wurde   So wurden
billicheit nha/vororſaket   dar tho touorhelpen/Vnd
dar by beth to gutlickem/edder rechtlickem vthdrage/tho hantl
ſchutten/vnd ſchermen/jntouorſicht werde   ſdt dar hen nicl
gelangen/dar anhe doe   vns gutgefallen mit gunſtigen
gegen   to bedencken.Datum to Guſtrow Am Sondage r

Abbildung 20
Herzog Albrecht VII. von Mecklenburg Sendschreiben
an die Landstände 1526

Erlig oc welbyrdig
mandt oc strengRidder her
Olwff Nielß till Dallöff/
Broder Paulus Helie Hel
ser jnn Christo Jesu/medt-
Gutz naade och wenskaff.

Het er nu paa tre
die aar / om megh
rettelige drages til
mynde/ Eiære Her
Olwff Nielß strege
ridder/at her kom
till lande/een aff Morthen Lurherß
böger / som kalledis een bede bogh/
ther först wdgick paa tydske/oc siden
blefft wtset wdi latine . Ther ieg saae
at samme bogh opkiöptis met stoer.
hast oc fygoc een aff thennü paa thew

Abbildung 21
Paulus Eliä: Een Christlig vnderwyßningh
Dänische Übersetzung von Luthers Betbüchlein 1526

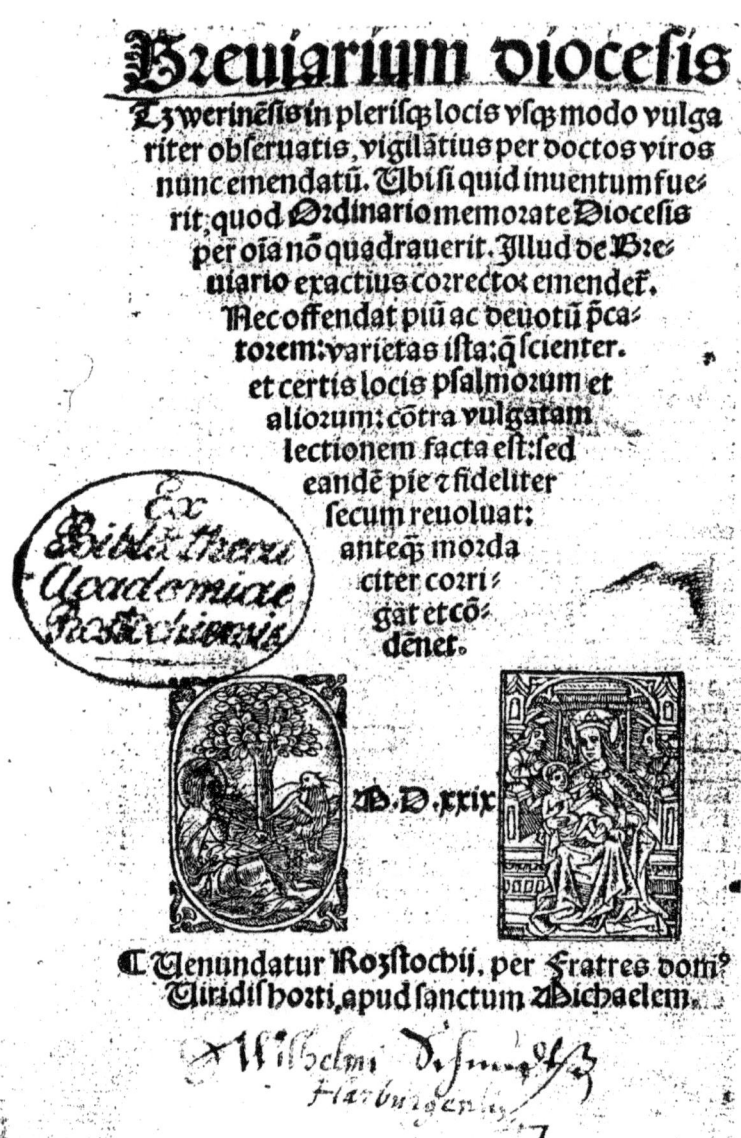

Abbildung 22
Breviarium für die Diözese Schwerin Druck Paris Thielman Kerver
1529 im Verlag der Brüder

Jakob Lucius der Ältere. Bedeutender Drucker, Formschneider und Zeichner der Reformationszeit

VON GYULA PÁPAY

Jakob Lucius (um 1530–1597) gehörte zu den bedeutendsten Druckern, Formschneidern und Zeichnern der Reformationszeit. Obwohl er von 1564 bis 1578 als Universitätsdrucker in Rostock tätig war, blieb er in den Publikationen zur Universitätsgeschichte unerwähnt. Die erste Begegnung mit Lucius ist dafür ein beredtes Beispiel. Als in der Mitte der 1980er Jahre eine internationale Suchaktion nach einem, damals verschollen geltenden Werk von Tilemann Stella (1524-1589) erfolgreich durchgeführt wurde, konnte der Drucker dieses Werkes, Jacobus Transylvanus, noch nicht mit Lucius identifiziert werden. Im Universitätsarchiv wurde von ihm nur ein Immatrikulationsvermerk aus dem Jahre 1566 gefunden. Davon ausgehend wurde angenommen, dass Jacobus Transylvanus damals ein junger Student aus Siebenbürgen und in der Druckerei so unerfahren war, dass er auf dem Titelblatt einen Druckfehler machte (1546 statt 1566) (Abbildung 1). Die hier verwendete Vignette hätte seine Identität mit Jakob Lucius verraten können, aber im Mittelpunkt der damaligen Forschung stand Tilemann Stella und so wurden zu Jakob Lucius keine weiteren Nachforschungen angestellt. Stella war neben Mercator und Ortelius der bedeutendste Kartograph im 16. Jahrhundert. Erst durch eine Publikation von Norbert Buske aus dem Jahre 2001 wurden neue Recherchen zu Jakob Lucius initiiert[1].

Jakob Lucius d. Ä. wurde um 1530 in Siebenbürgen geboren. Über seine Jugend und Ausbildung zum Formschneider gibt es nur spärliche und zum Teil widersprüchliche Angaben beziehungsweise Annahmen. Sein ursprünglicher Familienname, den er später ausschließlich in latinisierter Form verwendete, ist unbekannt. In der Literatur ist sogar sein Geburtsort umstritten. Aus seinen Initialen J.L.C.T. wurde die Annahme abgeleitet, dass seine Geburtsstadt entweder Kronstadt/ Corona (Brașov) oder Hermannstadt/ Cibinio (Sibiu) oder vielleicht Klausenburg/ Claudiopoliensis (Cluj-Napoca) war.[2] In mehreren Publikationen

---

[1] BUSKE, Norbert: Jakob Lucius d. Ä. Formschneider, Zeichner für den Holzschnitt & Drucker. Schwerin 2001.

[2] Ebenda, S. 6.

wurden seine Initialen als *Iacobus Lucius Coronensis Transylvanus* gedeutet[3],
obwohl dafür keine quellenmäßige Bestätigung vorlag. Zur Entscheidung dieser
Frage wurden sogar Bildquellen einbezogen, da in den Zeichnungen von Lucius
mehrere ungarische Motive vorhanden sind. Die Sichtung der von ihm gezeich-
neten Stadtansichten brachte das interessante Ergebnis, dass er die Konturen seines Herkunftsorts aus der Erinnerung wiedergab. Dieses Bild zu dem neunten
Gebot, das Lucius selbst ins Holz schnitt, erschien in dem Catechismus Martin
Luthers in Wittenberg 1564 (Abbildung 2). Somit konnten sich die weiteren Recherchen auf Kronstadt konzentrieren. Eine weitere Spur war der Bibliotheks-
katalog des Kronstädter Gymnasiums. Aus der Literatur war bekannt, dass hier ein
von Lucius 1563 in Wittenberg gedrucktes Werk vorhanden ist. Es handelt sich
dabei um ein Gedicht, das anlässlich der Rückkehr von Titus Amicinus (?- 1566)
von Wittenberg nach Siebenbürgen verfasst wurde. Amicinus wurde Stadtpfar-
rer von Kronstadt.[4] Dieses Gedicht wurde von Lucius 1563 in Wittenberg gedruckt.[5] Diese Publikation ist im Katalog der Kronstädter Gymnasialbibliothek
verzeichnet.[6] Hier wurde jedoch nicht nur diese, sondern gleich neun Publikationen gefunden, die von Lucius gedruckt wurden.[7] Der Bibliotheksatalog war
ein wichtiger Hinweis dafür, dass Lucius zu diesem Gymnasium eine besondere
Beziehung haben musste. Mit einigen Schwierigkeiten gelang der Zugang zu
den Matrikeln des Kronstädter Gymnasiums. Merkwürdigerweise wurde diese
wichtige Quelle zu Lucius bisher nicht herangezogen, obwohl sie schon 1863

---

[3] PHILIPPI, Paul: Land des Segens? Fragen an die Geschichte Siebenbürgens und seiner Sachsen. Köln 2008, S. 204.

[4] HERRMANN, George Michael Gottlieb von: Das alte Kronstadt. Eine siebenbürgische Stadt-
und Landesgeschichte bis 1800. Köln 2010, Bd. 1, S. 347-348.

[5] Ecloga. Propemtica Reverendo Viro, Doctrina, Et Pietate Praestanti, D.Tito Amicino Coro-
nensi Transyluano, è celeberrima Academia VVitebergensi, ab Ecclesia, Claudiopolitana in
Transyluania, ad munus docendi incorruptam Euangelij doctrinam reuocato, et iam secundò
in patriam foeliciter redeunti, scripta A. Iohanne Agricola Keczkemethino Pannonio. Vitem-
bergae. Excudebat Jacobus Lucius Transvlvanus 1563.
(Diese Gelegenheitsschrift ist in Halle, in der Universitäts- und Landesbibliothek Sachsen-
Anhalt vorhanden.)

[6] GROß, Julius: Katalog der von der Kronstädter Gymnasialbibliothek bei der 400-jährigen
Luther-Feier in Kronstadt ausgestellten Druckwerke aus dem Reformationszeitalter. Kronstadt 1883, S. 45.

[7] Ebenda, S. 45f.

vom damaligen Rektor Martin Ziegler publiziert wurde.[8] Dieses Gymnasium wurde von dem bedeutenden Reformator Johannes Honterus (um 1498–1549) gegründet. Gleich im ersten Jahrgang, das heißt 1544, erscheint in den Matrikeln der Name *Joannes Lucius, Naidorfius*. Die frühere Annahme, dass hier ein Abschreibfehler wegen der schweren Lesbarkeit des Originals vorliegt[9], muss nach neueren Einsichten korrigiert werden. Nach Auskunft von Thomas Şindilariu (Archiv und Bibliothek der Honterusgemeinde, Kronstadt / Braşov), der das Original der Matrikel diesbezüglich überprüfte, liegt hier kein Abschreibfehler vor.[10] Obwohl hier statt Jakob ein anderer Vorname angegeben ist, erscheint es ziemlich wahrscheinlich, dass es sich bei dieser Eintragung um Jakob Lucius handelt.[11]

Die Matrikeleintragung liefert zu mehreren Fragen im Lebenslauf von Lucius eine Antwort. Sein Geburtsort war also Neudorf. Diesen Namen trugen damals mehrere Orte. Sehr wahrscheinlich erscheint es, dass es sich in diesem Fall um Barcaújfalu (heute Satu Nou) handelt, das in unmittelbarer Nähe von Kronstadt liegt und 1462 in den Besitz von Kronstadt kam.[12] Der ursprüngliche Name von Lucius konnte nicht ermittelt werden.[13]

Im Kronstädter Gymnasium lernte Lucius mehrere bedeutende Gestalten der Reformation in Siebenbürgen kennen; außer Honterus gehörte dazu auch

---

[8] ZIEGLER, Martin: Civium Gymnasii Coron(ensis). Matricula […]. In: SCHIEL, Samuel Traugott (Hrsg.): Programm des evangelischen Gymnasiums in Kronstadt und der damit verbundenen Lehranstalten. Kronstadt 1858, S. 11.

[9] PÁPAY, Gyula: Jakob Lucius der Ältere (um 1530–1597). Ein evangelisch-lutherischer Drucker, Formschneider und Zeichner aus Siebenbürgen. In: FATA, Márta / SCHINDLING, Anton (Hrsg.): Luther und die Evangelisch-Lutherischen in Ungarn und Siebenbürgen. Augsburgisches Bekenntnis, Bildung, Sprache und Nation von 16. Jahrhundert bis 1918. Münster 2017 (Reformationsgeschichtliche Studien und Texte, Band 167), S. 578.

[10] Brief von Thomas Şindilariu vom 12.02.1918.

[11] Thomas Şindilariu teilte weiterhin mit (Brief vom 13.08.2018), dass in der Gymnasialmatrikel kein J-Vorname vor und nach Lucius vorkommt, so dass man hierin eine Fehlerquelle entdecken könnte. Seiner Meinung nach konnte dieser Fehler auch dadurch entstehen, dass Lucius zwei Vornamen hatte.

[12] VISTAI, András János: Tekintő – erdélyi helynévkönyv [Umschau – siebenbürgisches Ortsnamenbuch], https://web.archive.org/web/20110710230653/http://www.fatornyosfalunk.com/helynevkonyv_-_1._kotet_A-H.pdf, S. 74. Letzter Aufruf 28. Januar 2018.

[13] In einem Beitrag von Marianne Siegmund wird sein ursprünglicher Name, allerdings ohne Quellenangabe, als Jakob Lutsch genannt. SIEGMUND, Marianne: Holzschnittmeister wurde identifiziert. Imagines mortis selectiores – ein von Iacobus Lucius illustrierter Kronstädter Druck aus dem Jahre 1557. In: Karpatenrundschau, 22/3 (Juni 1983), S. 8.

Valentin Wagner (um 1510–1557), der sich 1541/42 in Wittenberg aufhielt und in seiner Tätigkeit von Melanchthon beeinflusst wurde. 1544 war Wagner Rektor des Kronstädter Gymnasiums. Auch unter Lucius' Kommilitonen befanden sich einige Personen, die später in der siebenbürgischen Reformation eine wichtige Rolle spielten. Unter den Namen *Franciscus Colossvarinus*[14] trug sich 1545 Ferenc David (Franz Hertel, um 1510/1520–1570) in die Matrikel ein.[15] Den entscheidenden Einfluss auf Lucius übte allerdings Honterus aus, der auch ein sehr guter Formschneider war und 1532 die erste Siebenbürgen-Karte herausgab, die er selber in Holz schnitt. Die bereits in der älteren Literatur geäußerte Annahme, dass Lucius sein Schüler war, kann aufgrund der Matrikeleintragung mit hoher Wahrscheinlichkeit bestätigt werden.[16]

Die ersten Holzschnittarbeiten von Lucius wurden erst nach Honterus' Tod publiziert, jedoch nicht in Kronstadt, sondern in Klausenburg. Für Heltais *Catechismus minor* von 1550 lieferte Lucius sieben Holzschnitte.[17] Warum Lucius für die Klausenburger Druckerei arbeitete, darauf gibt ebenfalls die Matrikeleintragung die bisher fehlende Antwort. Diese Druckerei wurde 1550 von Gáspár Heltai (Kaspar Helth, um 1520-1574) und Georg Hoffgreff (?) gegründet. Hoffgreff, der 1542/43 in Wittenberg studierte und die Buchdruckerei 1546/47 in Nürnberg erlernte, war 1544 einer der Lehrer von Lucius am Kronstädter Gymnasium. Davon zeugt ebenfalls die oben genannte Matrikeleintragung von 1544. Möglicherweise lieferte Lucius auch für Valentin Wagner Holzschnitte mit Totentanzmotiven.[18]

Es ist anzunehmen, dass Lucius Ende Februar 1553 nach Wittenberg gekommen ist, denn Mellenberger, ein Schwiegersohn von Honterus, der in dem folgenden Jahr Rektor des Kronstädter Gymnasiums wurde, kam zu dieser Zeit

---

[14] ZIEGLER (wie Anm. 8), S. 12.

[15] SEBESI, Pál, Adatok Dávid Ferenc életrajzához [Angaben zum Lebenslauf von Ferenc Dávid]. In: Keresztény Magvető 18 (1972), S. 134.

[16] Diese Meinung äußerten schon u. a. CZAKÓ, Elemér: Magyarország sokszorosító művészete [Die Vervielfältigungskunst in Ungarn]. In: RATH, György (Hrsg.): Az iparművészet könyve. 3 Bde. Budapest 1902–1912, hier Bd. 1, S. 476 sowie GULYÁS, Pál: A könyvnyomtatás Magyarországon a XV. és a XVI. században [Die Buchdruckkunst in Ungarn im 15. und 16. Jahrhundert]. Budapest 1931, S. 45.

[17] SOLTÉSZ, Zoltánné: A magyarországi könyvdíszítés a XVI. században [Die ungarische Buchkunst im 16. Jahrhundert]. Budapest 1961, S. 55.

[18] SIEGMUND (wie Anm. 13).

in Begleitung von Titus Amicinus nach Wittenberg[19]. Lucius gehörte möglicherweise zu dieser Reisegesellschaft. Es ist auch möglich, dass Lucius Valentin Wagner begleitete, der am 15. Februar 1554 in Wittenberg seine Disputation hielt und den Rang eines Magisters erhielt.[20] Zweifelsfrei ist nachweisbar, dass Lucius ab Mitte der 1550er-Jahre in Wittenberg tätig war, denn ab dieser Zeit erscheint sein Künstlerzeichen, liegendes dreiblättriges Kleeblatt mit gebogenem Stängel, in seinen Holzschnitten.[21] Er war zunächst in der bedeutenden Offizin von Hans Lufft (um 1495–1584) nicht nur als ein hochgeschätzter Formschneider, sondern zugleich als ein bedeutender Zeichner tätig, worüber unter anderem sein Bild von der Taufe Christi (1556/58) im Beisein Luthers und der Familie des Kurfürsten Johann Friedrich I. (1503-1554) sowie mit dem Stadtbild von Wittenberg zeugt.[22] In seinen Werken sind die Verbindungen von Lucius zu Lucas Cranach d. J. (1515–1586) und zu seiner Werkstatt klar ersichtlich.[23] Lucius fertigte zahlreiche Bibel-Illustrationen an. Seine Bilder zu Luthers Kleinem Katechismus fanden eine große Verbreitung. Im niederdeutschen Bereich haben seine Katechismus-Illustrationen die Bildvorstellungen für lange Zeit geprägt.[24] Die künstlerische Leistung von Lucius ist noch nicht umfassend erschlossen. Graphiken von ihm befinden sich in Berlin, Braunschweig, München, Erlangen, Wien, London, Oxford und Boston.

Bisher wurde angenommen, dass Lucius seit Beginn der 1560er-Jahre in Wittenberg auch als Drucker in Erscheinung trat. In der Datenbank an der University of St Andrews[25], die die bibliographischen Angaben sämtlicher, bis Ende des 16. Jahrhunderts gedruckten Bücher enthält, ist ein Buch aufgeführt, das Lucius schon 1556 gedruckt haben soll.[26] Von Lucius wurden in Wittenberg 49

---

[19] SZABÓ, Miklós / TONK, János: Erdélyiek egyetemjárása a korai újkorban 1521–1700 [Universitätsbesuch von Siebenbürgern in der frühen Neuzeit 1521–1700]. Szeged 1991, S. 93, 279.

[20] REINERTH, Karl: Des Kronstädter Magisters Valentin Wagner Wittenberger Studium. In: Archiv für Reformationsgeschichte 59 (1968), S. 25–41.

[21] BUSKE (wie Anm. 1), S. 6.

[22] Der Holzschnitt befindet sich im Germanischen Nationalmuseum Nürnberg, H 7499. Kürzlich publiziert in PÁPAY (wie Anm. 9), S. 581.

[23] BUSKE (wie Anm. 1), S. 7.

[24] Ebenda, S. 26.

[25] USTC: http://ustc.ac.uk/index.php.

[26] CLARAEVALLENSIS, Bernardus, St: Ein schön tröstlich Bild: aus dem heligen Bernhardo genomen, wie Adam und Eva, nach dem sie in die Sünd gefallen, und von Gott aus ewigen Tod verurteilt waren, dennoch wünderbarlich durch Gottes Sons vorbitt widerumb zy gnaden

Werke gedruckt, mehrere Werke mit reformatorischem Inhalt, wie beispielsweise die pommersche Kirchenordnung und Schriften von Melanchthon-Schülern. Er druckte auch ein Buch über Himmelserscheinungen und eine astronomische Tabelle[27] für die Breitengrade Wittenberg und wahrscheinlich Nürnberg.[28] Es ist anzunehmen, dass Lucius sich bereits in Wittenberg mit einem innovativen Druckverfahren befasste, mit der Klischeeherstellung. Das Klischeeverfahren wurde von ihm weiterentwickelt und auch für den Bilderdruck und nicht nur für Zierelemente angewendet. Wolfgang Schellmann untersuchte vor wenigen Jahren zahlreiche Bibelauflagen zwischen 1588 und 1787 und konnte feststellen, dass Buchholzschnitte in wesentlich größerem Umfang und viel länger von Klischees und nicht von Originalholzstöcken erstellt wurden als bisher angenommen.[29] Bei diesem Verfahren wurde zunächst eine Matrize von dem Originalholzstock erstellt, indem der Holzstock in das erwärmte Lettermetall im Moment der Erstarrung gedrückt wurde. Die Matrize wurde in ein zweites Lettermetallbad gedrückt.[30] Die Herstellung der Klischees von den Matrizen war besonders schwierig, da das Verschmelzen der beiden Metallschichten verhindert werden musste.

1564 verließ Lucius Wittenberg, als er zum Drucker der Rostocker Universität berufen wurde. Der Rektor war zu dieser Zeit David Chytraeus (1539–1600). Der mit Chytraeus befreundete Tilemann Stella, der in den 1550er-Jahren

---

angenomen sein. Wittenberg 1556. Die Überprüfung dieser Eintragung ist nicht möglich, da das einzige überlieferte Exemplar sich in Privatbesitz befindet. Die schriftliche Anfrage bezüglich des Besitzers wurde von der University of St Andrews nicht beantwortet.

[27] Der Autor der astronomischen Tabelle wurde nicht angegeben. Die Angaben für den Breitengrad 52 stammen nachweisbar von Georg Joachim Rheticus (1513-1574), möglicherweise auch für den Breitengrad 49. Lucius nannte ihn als Autor vermutlich deshalb nicht, weil Rheticus in dieser Zeit unter dem Verdacht der Homosexualität stand und aus diesem Grund die Universität Leipzig schon 1551 verlassen musste.

[28] Da dieses Werk anonym erschienen ist, wird Lucius in der ungarischen astronomischen Literatur als Urheber der Tabelle betrachtet. Diese irrtümliche Annahme basiert auf der Publikation von JÁNOS, Hárs: Erdélyi Láczi Jakab, egy régi magyar csillagász. [Der Siebenbürger Jakab Láczi, ein früherer ungarischer Astronom.] In: Csillagászati Lapok [Astronomische Blätter] 1938, S. 69–70.

[29] SCHELLMANN, Wolfgang: Ein Fall von Klischeeverwaltung vom 16. bis 18. Jahrhundert im Bibeldruck. In: ESTERMANN, Monika / RAUTENBERG, Ursula (Hrsg.): Archiv für Geschichte des Buchwesens 65 (2010), S. 157–170.

[30] SCHELLMANN, Wolfgang: Nachtrag zur Klischeeverwaltung vom 16. bis zum 18. Jahrhundert im Bibeldruck. In: ESTERMANN, Monika / RAUTENBERG, Ursula (Hrsg.): Archiv für Geschichte des Buchwesens 67 (2012), S. 207-214.

in Wittenberg tätig war, dürfte bei der Erteilung des Rufs an Lucius eine Vermittlungsrolle gespielt haben. Stella erhielt 1561 vom Herzog zu Mecklenburg Johann Albrecht (1525-1576) u. a. als Bibliothekar eine lebenslange Anstellung. Von ihm könnte der Herzog darüber informiert worden sein, dass Lucius ein guter Drucker und Formschneider war. Über Kontakte zwischen Jakob Lucius und Tilemann Stella aus der Wittenberger Zeit sind keine Quellen vorhanden. Es gibt aber mehrere Indizien dafür, dass zwischen ihnen Arbeitskontakte bestanden haben könnten. Stella veröffentlichte 1560 in Wittenberg eine Karte von Deutschland: *Die gemeine Landtaffel des Deutschen Landes*, von der heute nur noch fünf Exemplare existieren. Wer diese Karte in Holz schnitt, ist nicht bekannt, neben Lucius könnten mehrere Formschneider in Frage kommen. Es gibt jedoch ein Indiz dafür, dass diese Karte von einem Klischee gedruckt wurde. Stella veröffentlichte nämlich eine umfangreiche Erklärung zu seiner Deutschlandkarte: *Kurtzer und klarer bericht vom gebrauch und nutz der newen Landtaffeln*. Dieses Buch wurde zwischen 1560 und 1602 immer wieder nachgedruckt. Somit erlebte auch die Karte in diesem Zeitraum mindestens acht Auflagen. Die überlieferten Karten weisen zwar unterschiedliche Beschädigungen der Druckform auf, aber sie zeigen auch, dass die Karte nie neu geschnitzt wurde. Ein solches Resultat konnte man nur mit einem Klischee erreichen, das Lucius auch für größere Druckformate, nachweislich für Bilder und nicht nur kleinformatige Zierelemente verwendete.[31] Weiterhin erscheint es auch wahrscheinlich, dass der Druck der oben erwähnten Sternentabelle auf eine Anregung von Stella erfolgte. Stella befasste sich nicht nur mit der Kartographie, sondern auch mit der Astronomie. In dieser Zeit war die Kartographie mit der Astronomie, u. a. bezüglich der Ortsbestimmung, eng verbunden. Von den astronomischen Interessen Stellas zeugen u. a. die Nebendarstellungen auf seiner Deutschlandkarte sowie sein Himmelsglobus, dessen Segmente 1555 in Wittenberg in Holz geschnitten und gedruckt wurden. Von diesem Globus ist nur ein einziges Exemplar in Weißenburg erhalten geblieben. Weder der Formschneider noch der Drucker ist auf dem Globus vermerkt. Demzufolge kann man die Frage, ob Lucius hierfür als Formschneider tätig war, weder bestätigen noch verneinen.

Obwohl Lucius schon ab 1564 in Rostock als Drucker tätig war, wurde er in die Matrikel erst im Oktober 1566 als *typographi* eingetragen. Lucius verfügte über zwei Druckpressen und Gehilfen aus Köln und aus Sachsen, später kamen dazu noch zwei Gehilfen aus Hamburg. Seine finanziellen Mittel reichten jedoch

---

[31] Würden die weiteren diesbezüglichen Untersuchungen von Wolfgang Schellmann diese Annahme bestätigen, dann würde diese Karte die einzige sein, die mit dem Klischeeverfahren gedruckt wurde.

nicht dazu aus, seine Funktion als Universitätsdrucker in einer hinreichenden Form zu erfüllen. Herzog Johann Albrecht (1525-1576) bestimmte daher 1565:

Von gots gnaden Wir Johans albrecht, herzog zu Meckelenburgk, furste zu Wenden, graue zu Schwerin, der Lande Rostock vnd Stargardt herre, Bekennen hiemit öffentlich für vns vnd vnsere Erben, Als die Erwirdigen, Wirdigen, Hoch= vnd Wolgelarten vnsere Rethe vnd lieben getrewen, Rector, Doctores vnd Magistri vnser Vniversitet zu Rostock, vns vnderthenig berichten lassen, das sie, Got dem Almechtigen zu Ehren, vns vnd vnser Vniuersitet zu Rhum vnd vnser gemeynen Landschafft zum besten, eyne gute Druckerey angerichtet vnd dazu ein guten Drucker vnd Formschneider, Jacobum Lucium aus Siebenbürgen, von Wittenberg verschrieben, bestelt vnd angenohmen, der auch sehr gute litteras hette vnd in seynem Ambte vleissig wehre, aber in seynem vermugen nicht hette, alles Papier, Vnkosten vnd andere notturfft zur Druckerey gehörig zu den Büchern, so vnsere professores darselbst den studiosis zum besten außgehen lassen, außzurichten, Derwegen sie mit dem wolgelarten vnserm Secretarien vnd lieben getrewen Magister Simon Leupolt so viel mit bitte erhalten, das er solche notturft an Papier vnd andern dem Buchdrucker zu schaffen, auch allen Vnkosten, dem Buchdrucker, wie sie sich des mit eynander vergliechen, zu uerreichen, bewilliget vnd angenohmen.[32]

Der herzogliche Sekretär Simon Leupold (1517-1578) übernahm die Inspektion der Druckerei, einschließlich der Papierlieferung und des Verkaufs der Bücher. Das herzogliche Privileg ist ein eindeutiger Beweis dafür, dass Lucius der erste amtlich bestätigte Universitätsdrucker in Rostock war, wobei seine Druckerei, wie damals üblich, auch als Verlag und Buchhandlung fungierte. Die Abbildung 3 zeigt den Standort der ersten Universitätsdruckerei. Wann die Inspektion durch Leupold beendet war, ist nicht bekannt. Aus der rasch zunehmenden Anzahl der Drucke lässt sich jedoch schlussfolgern, dass Lucius schon am Ende der 1560er-Jahre in der Lage gewesen sein dürfte, die für die Betreibung der Druckerei erforderliche finanziellen Mitteln aufzubringen.

In der Anlage sind die von Jakob Lucius in Rostock gedruckten Publikationen aufgelistet.[33] Die Sprache war vorwiegend Latein, nur etwa vierzig Werke

---

[32] Zitiert nach LISCH, Georg Christian Friedrich: Biographie des herzoglich-meklenburgischen Secretairs Simon Leupold. In: Jahrbücher des Vereins für Mecklenburgische Geschichte und Altertumskunde 5 (1840), S. 167f.

[33] Diese Liste wurde mit Hilfe einer Datenbank der University of St Andrews erstellt (wie Anm. 25.) Die ergänzten, in dieser Datenbank nicht verzeichneten Werke sind fettgedruckt hervorgehoben.

sind in deutscher Sprache gedruckt worden. In griechischer Sprache sind nur ganz wenige Publikationen erschienen. Den inhaltlichen Schwerpunkt bildete die Religion. In der Rostocker Universitätsbibliothek sind lediglich knapp fünfzig Werke vorhanden, die von Lucius gedruckt wurden. In der Bibliothek des Herzogs Johann Albrecht I. waren lediglich 18 Bücher vorhanden. Bei diesen Büchern handelt es sich vor allem um diejenigen, die eine gedruckte Widmung an den Herzog enthalten. Zu dieser Bibliothek erarbeitete Nilüfer Krüger eine komplette bibliographische Beschreibung, weshalb die erhaltenen Drucke Lucius` dort bisher am besten bibliographisch beschrieben sind.[34]

Zu den ersten Rostocker Arbeiten von Lucius gehört der Zweiblattdruck aus dem Jahre 1564 *Die Genealogie der Hertzogen zu Mechelburg von Pribislao, dem letzten König der Wenden, bis uff die itzigen regirenden Landsfürsten*[35]. Der Autor war wahrscheinlich Johannes Bocer (1525-1565), der an der Universität Rostock Professor der Poesie und Geschichte war und bereits 1557 eine Geburtstagsode an Johann Albrecht verfasste. In dem selben Jahr druckte Lucius ein von Bocer verfasstes Lobgedicht[36] auf die Herzöge Johann Albrecht I. und Ulrich III. von Mecklenburg wegen ihrer Fürsorge für die Universität Rostock. Für die Autorenschaft der Genealogie kommt auch David Chytraeus in Frage, denn er stellte die Angaben für einen weiteren Stammbaum der Mecklenburger Herzöge zusammen. Dieser Stammbaum[37] gehört zu den letzten Rostocker Arbeiten von Lucius. Für diesen sehr schönen, großformatigen Holzschnitt lieferte der Hofmaler Cornelis Krommeny (?–1599) die Vorlage.

Die meisten Publikationen, die von Lucius in Rostock gedruckt wurden, stammen von David Chytraeus. Ihm folgt bezüglich der Anzahl der Publikationen sein Bruder Nathan Chytraeus (1543–1598), der 1564 als Professor nach Rostock berufen wurde. Lucius druckte 1573 dessen lateinischen Gedichte *Ima-*

---

[34] KRÜGER, Nilüfer: Die Bibliothek Herzog Johann Albrechts I. von Mecklenburg (1525-1576). 3 Bände. Wiesbaden 2013. Es wäre wünschenswert, wenn sämtliche Werke, die von Lucius in Rostock gedruckt wurden, eine solche akribische bibliographische Beschreibung erhalten würden.

[35] Das einzig erhaltene Exemplar ist in der Herzog-August-Bibliothek Wolfenbüttel vorhanden.

[36] BOCER, Johannes: Panegyris. Ad illustrissimos principes D. Johannem Albertum, et D. Vdalricum. Fratres et duces Megalburgenses etc. Rostock 1564.

[37] Der Durchleuchtigen Hochgeborenen Fürsten und Herrn/ Der Hertzogen zu Mecklenburg/ zu Schwerin/ der Lande Rostock und Stargard Herrn/ Geneaologia oder Stam Register. Großformatiger Holzschnitt: Jakob Lucius, Vorlage; Cornelis Krommeny. Rostock 1578. Das einzig erhaltene Exemplar wird im Landeshauptarchiv Schwerin aufbewahrt.

ginum et Meditationum Sacrarum, wozu er fünfzig, besonders schöne Holz-schnitte mit biblischen Darstellungen anfertigte (Abbildungen 4-7). Mit einem Großteil dieser Bilder wurde die niederdeutsche Passionsgeschichte von Johannes Bugenhagen (1485–1558) illustriert, die 1586 in Barth gedruckt wurde.[38] Diese zwei Jahre zuvor gegründete Druckerei, wo 1588 die in mittelniederdeutscher Sprache abgefasste Barther Bibel gedruckt wurde, erhielt von Lucius Illustrationen (90 Metallklischees von Holzschnitten), Initialen, Vignetten und Schmuckleisten. Für diese Bibel fertigte Lucius den Holzschnitt für mehrere Zeichnungen von Jakob Morus.[39] Auch die Schrifttypen erhielt die Barther Druckerei durch Lucius' Vermittlung.[40] Während Lucius für die Barther Bibel Illustrationen zur Verfügung stellte, fügte er seinem niederdeutschen Bibeldruck, der erst 1580 abgeschlossen wurde, keine Bilder bei (Abbildungen 8 und 9).[41] Zu dieser Zeit hielt sich Lucius nicht mehr in Rostock auf.[42]

Lucius wurde 1578 nach Helmstedt, an die dortige, zwei Jahre vorher gegründete Universität als Universitätsdrucker berufen. Hier druckte Lucius bis zu seinem Tode im Jahre 1597 insgesamt 928 Werke.[43] Von hier aus gab er eine Hilfeleistung auch zu dem Druck der ersten umfassenden Bibel in ungarischer Sprache, die für die Entwicklung der ungarischen Literatursprache eine ähnlich große Bedeutung spielte wie die Luther-Bibel für die deutsche. Die ungarische Bibel wurde von dem reformierten Pfarrer Gáspár Károlyi und seinen Mitarbeitern übersetzt und von Károlyi im ostungarischen Vizsoly gedruckt. Lucius lieferte für die Bibel Initialen, Vignetten und Schmuckleisten.[44] Die von Lucius hergestellten Klischees wurden auch von anderen Druckereien gern genutzt.[45] Diese Druckereien standen mit unterschiedlichen konfessionellen Ausrichtungen der Reformation in Verbindung.

---

[38] BUGENHAGEN, Johannes: Historia des Leydendes unde der upstandininge unses Heren Jesu Christi, uth den veer Evangelisten. Barth 1586. Vgl. BUSKE (Anm. 1) S. 39.

[39] BUSKE (wie Anm. 1), S. 13.

[40] Ebenda.

[41] Biblia dat ys: de gantze hillige schrifft Duedesch. D. Mart. Luther. Rostock 1580.

[42] Diese zeitliche Diskrepanz lässt sich möglicherweise damit erklären, dass Gehilfen von Lucius noch bis 1580 in Rostock geblieben sind.

[43] Mit Hilfe von The USTC ermittelt. (wie Anm. 25.)

[44] SOLTÉSZ (wie Anm. 17), S. 98.

[45] HUSUNG, Max Joseph: Der Zeichner und Formschneider Jakob Lucius. Erstdrucker von Helmstedt. In: Gutenberg-Jahrbuch 1940, 335–355.

Resümierend kann man feststellen, dass Jakob Lucius der Ältere zu den bedeutendsten Druckern des 16. Jahrhunderts gehörte. Die Vielzahl der von ihm gedruckten Werke ist beeindruckend. Die viel bekannteren Drucker der Reformationszeit, wie z. B. Johann Krafft (?–1578) und Hans Lufft (um 1495–1584), druckten jeweils weniger als 900 Werke, Lucius hingegen mehr als 1200. Zu einem bedeutenden Drucker machen ihn nicht allein die Quantität, sondern die hervorragende Qualität seiner Drucke und auch die Verwendung einer drucktechnischen Innovation. Weiterhin war er auch ein sehr guter Zeichner und Formschneider. Die Bildkultur der damaligen Zeit in Norddeutschland wurde von ihm mitgeprägt. Für die Universität Rostock besitzt Lucius auch dadurch eine besondere Bedeutung als erster Universitätsdrucker.

Abbildungen

Abbildung1
Übersetzung des Titels:
Die Methode von Tilemann Stella aus Siegen, die bei der
chorographischen und historischen Beschreibung von der ganzen
Germania angewendet wird

Abbildung 2
Holzschnitt von Jakob Lucius zum neunten Gebot, in:
LUTHER, Martin: Catechismus. Wittenberg 1564
Im Hintergrund ist die Ansicht von Kronstadt zu erkennen.

Abbildung 3
Lage der Universitätsdruckerei in der
Stadtansicht von Rostock von Wenzel Hollar 1624/25
(Hinweis zur Lokalisierung: Ernst Münch)

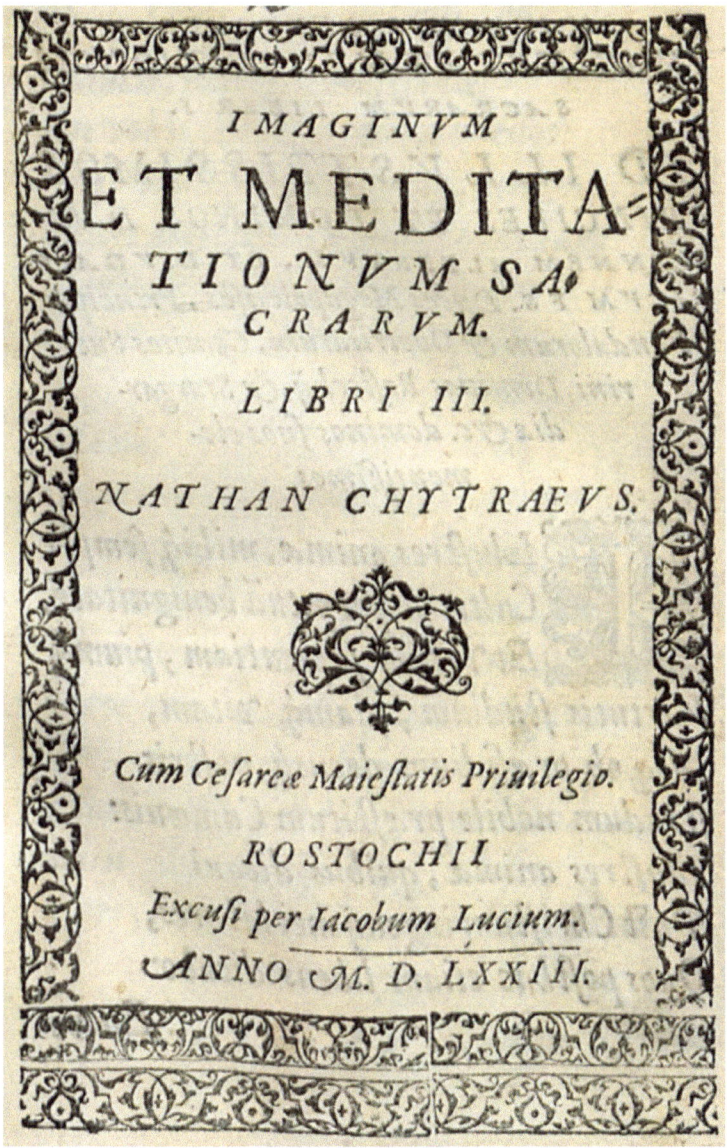

Abbildung 4
Titelblatt von Nathan Chytraeus
Imaginum et Meditationum Sacrarum Libri III 1573

Abbildung 5
Die Schöpfung der Welt
Holzschnitt aus Nathan Chytraeus
Imaginum et Meditationum Sacrarum Libri III 1573

Abbildung 6
Die Erschaffung des Menschen
Holzschnitt aus Nathan Chytraeus
Imaginum et Meditationum Sacrarum Libri III 1573

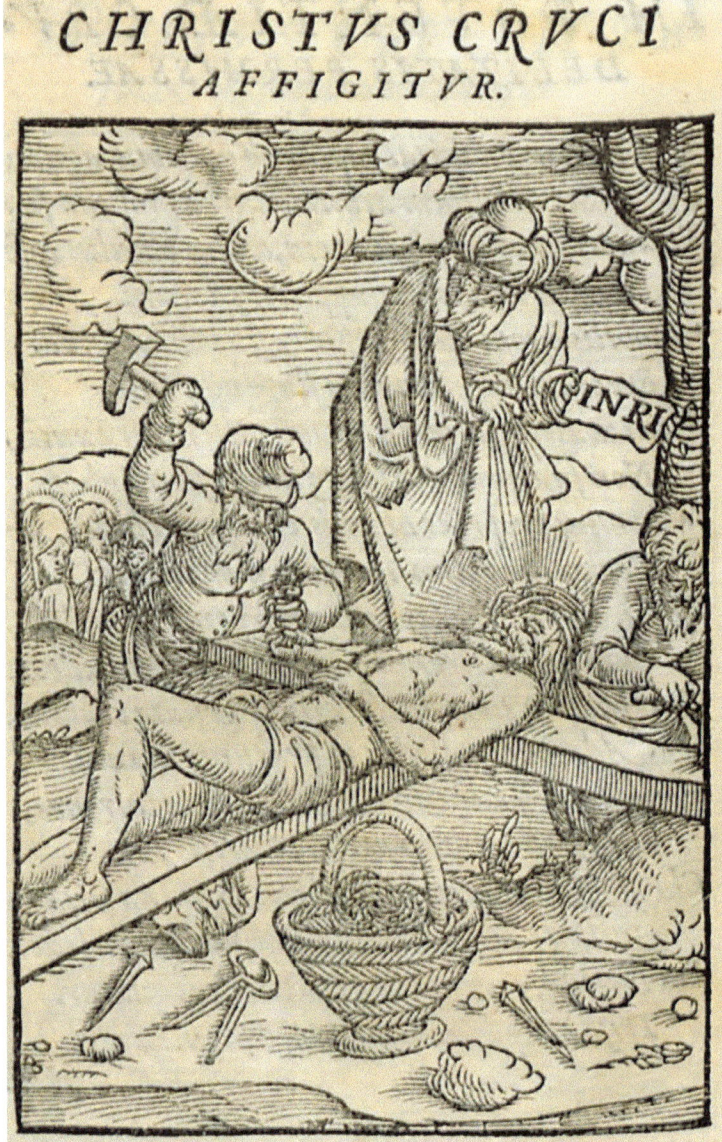

Abbildung 6
Die Kreuzigung Christi
Holzschnitt aus Nathan Chytraeus
Imaginum et Meditationum Sacrarum Libri III 1573

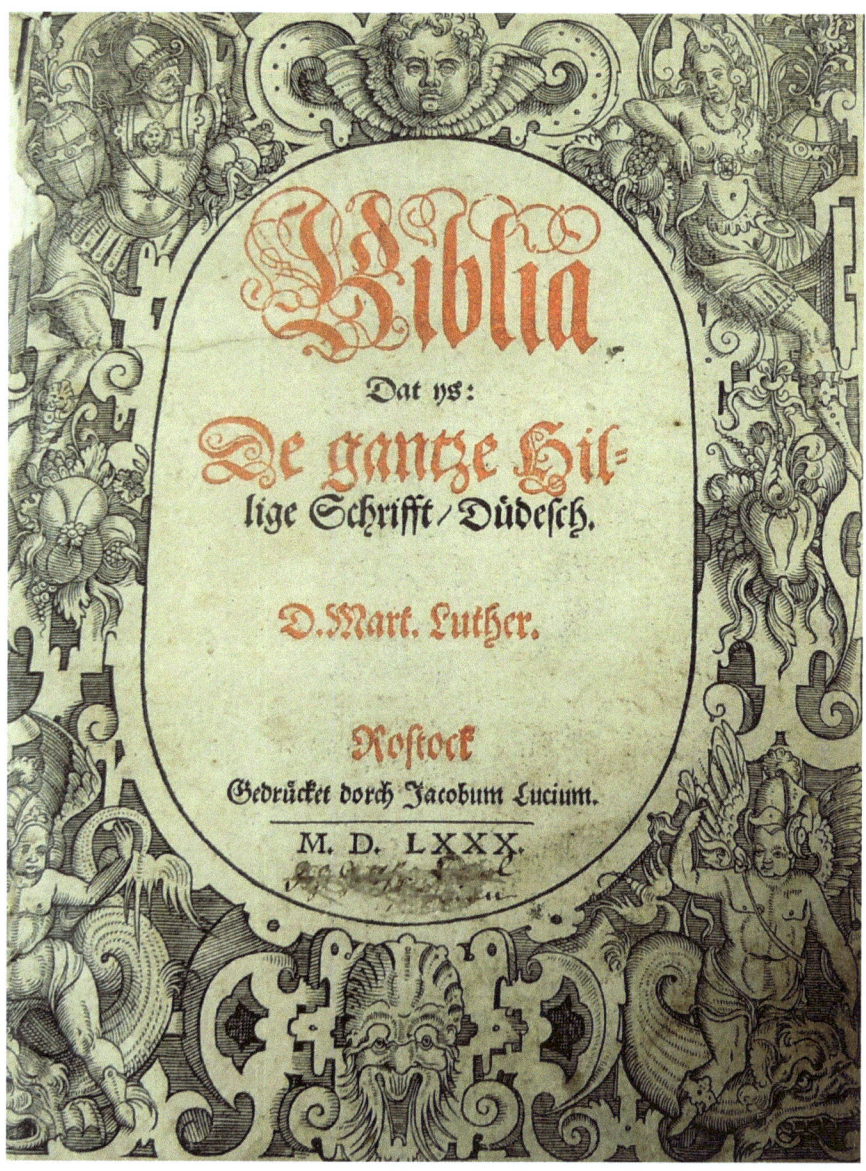

Abbildung 8
Titelblatt der Rostocker Bibel 1580

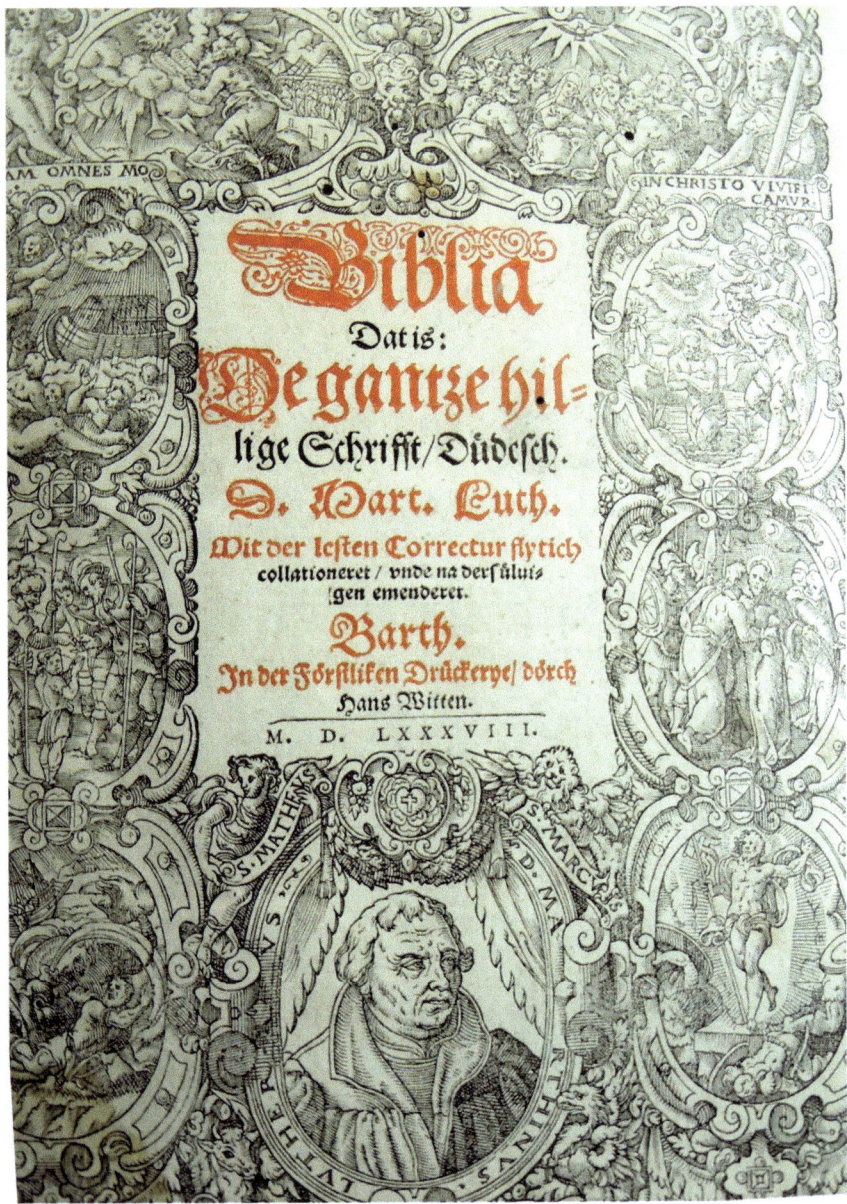

Abbildung 9
Titelblatt der Barther Bibel 1588

Liste der von Jakob Lucius in Rostock gedruckten Publikationen (1564–1580)[46]

Genealogia. Der Hertzogen zu Mecklenburg von 400 iaren de nemlich von Pribislao/ dem letzen König der Wenden/ bis uff die itzigen regirenden Landsfürsten. 1564[47]

WIDEMANN, Lorenz: Epithalamium de nuptiis clarissimi et doctissimi viri D. Christiani Kalen, medicae facultatis doctoris, et in inclyta academia Gryphiswald.1564.

PERISTERUS, Wolfgang: Oratio de dignitate aconere seu difficultate ministerii verbi divini. Pronuntiata Rostochii a M. Vvolgango peristero, dioecesis. 1564.

BOCER, Johannes: Panegyris. Ad illustrissimos principes D. Johannem Albertum, et D. Vdalricum. Fratres et duces Megalburgenses etc. 1564.

CHYTRAEUS, David: De sancta trinitate propositiones: de quibus, deo juvante, praeside D. Davide Chytraeo, pro licentia accipiendi gradum in theologia. 1564.

NENNIUS, Gerhard: Ein kort bericht unde underwysinge wo man sick yn dessen gefarliken tyden des stervendes der pestilentzie holden schal, einem erbaren …1564.

CHYTRAEUS, David: Prolegomena in lectionem textus evangelistarum David Chytraeus. 1564.

FREDERUS, Johannes: Elegia gratulatoria de nuptiali sacro Magistri Tobiae Hemiarti, et Annae, filiae Georgij Bernhardi, Olausensis Ecclesiae pastoris. 1564.

OMICHIUS, Johann-Christian: Carmen Gratulatorivm. In Nuptiis M. Simonis Leopoldi Ducis Iohannis Alberti, Principis Megalburgensium Secretarii, et Sponsæ...1564.

FABRICIUS, Johannes: Carmen de mirando opere redemptionis facto per filium Dei Jesum Christum. Scriptum ad ornatissimos et amplissimos viros…1565.

CITZOVIUS, Jakob: Carmen elegiacon de lapsu et reparatione hominis, scriptum in honorem amplißi. et prudentißi. consulum, et totius senatus inclytae...1565.

---

[46] Zusammengestellt mit Hilfe der Datenbank an der University of St Andrews, die die bibliographischen Angaben sämtlicher, bis Ende des 16. Jahrhunderts gedruckten Bücher enthält. Fettgedruckte Angaben kennzeichen diejenigen Publikationen, die in dieser Datenbank nicht vorhanden sind.

[47] Zweiblattdruck. Das einzig erhaltene Exemplar ist in der Herzog-August-Bibliothek Wolfenbüttel vorhanden.

BOCER, Johannes: Sacrorum carminum, et piarum precationum libri quatuor. 1565.

FREDER, Johannes: Epicedion in obitum generosi juvenis, generis nobilitate, eruditione, et virtute praestantis, Johannis kizenhagen, qui suerini anno...1565.

CYPRIANUS, Thascius Caecilius: Exhortatio ad mortem libenti, pio et forti animo oppetendam, tempore pestis in Africa grassantis, anno Christi 254. Ad populum habita... 1565.

STREVIUS, Heinrich: De dicto D. Pauli: fundamentum aliud nemo potest ponere, praeter hoc, quod positum est, quod est Jesus Christus. Oratio Henrici ...1565.

CHYTRAEUS, David: Explicatio micheae prophetae. 1565.

PAULI, Simon: Methodi aliquot locorum doctrinae ecclesiae dei, illustratae exordiis et aliis partibus orationis, in quibus monstratur usus dialectica...1565.

POSSEL, Johannes: Oratio de demosthene, recitata à decano M. Johanne posselio. Cum decerneret titulum magisterii aliquot honestis et doctis viris...1565.

CHYTRAEUS, David: Piae et utiliss. Explicationes vocabulorum: necessitatis. Determinationis divinae. Fati. Contingentiae. Virium humanarum...Simon Leopold und Jakob Lucius. 1565.

CHYTRAEUS, Nathan: Ncomium grammaticae, carmine scriptum et recitatum in academia Rostochiensi. Cum quibusdam aliis eiusdem carminibus. 1565.

TÖNNICH, Johannes: Ein bericht von pestilentzisschen kranckheiten, was sie sein, wor von sie sich verursachen, wor aus sie zukuenfftiglich zuerkennen...1565. [48]

KALEN, Christian: Elegia beatae virginis Mariae de amisso puero Jesu...1565.

POSSEL, Johannes: Epitaphia clarorum et piorum aliquot hominum, qui anno M. D. LXV. Peste in urbe Rostochio inclementißimè grassante, ...1565.

Vom Christlichen banne. Kurtzer und grundtlicher bericht aus Gottes wort und d. Martini Lutheri schrifften. Durch die diener der Kirche...1565.

CHYTRAEUS, David: Pictura Tabernaculi Seu Templi Mosaici Et Atrii, Ac Ordinis Castrorum. Lucem Adferens Toti Historiae Sacrae...1565.

FREDERUS, Johannes, Chytraeus, Barbara; Chytraeus, David: Carmina, de obitu Barbarae, filiae Davidis Chytraei. 1565.

---

[48] KRÜGER, Nilüfer: Die Bibliothek Herzog Johann Albrechts I. von Mecklenburg (1535-1576). Wiesbaden, 2013, S. 1703.

STELLA, **Tilemann: Methodus, quae in chorographica et historica totius Germaniae Descriptione observabitur.1566.**[49]

Carmina de coniugio, in honorem reverendi viri, eruditione et virtute praestantis M. Valentini schachtii, docentis evangelion...1566.

HÖCHELIUS, Theodor: Epithalamia in honorem nuptiarum clarissimi et prudentissimi viri M. Simonis leopoldi, illustrißimi principis D. Johannis Alberti...1566.

Evangelia mith den Summarien unde Episteln. So dörch dat gantze jar des Soendages und yn den voernemesten festen gehandelt...1566.

BRIESMANN, Simon: Peri tés chréstogonias aoidé. Genethliacon domini nostri servatoris Jesu Christi. 1566.

Ein Schrifft an die Christen zu Antuerpen: der Theologen zu Rostock. 1566.

KIRCHHOFF, Laurentius: Responsum juris de excommunicatione, duarum quaestionum...1566.

CORONAEUS, Martin: Vita et res gestae herois, domini Johannis Rantzouii, equitis aurati, et trium Daniae regum, Frederici primi, Christiani tertii, ...1566.

OMKEN, Franz: In Honorem Coniugii Domini Sigismundi Crullii, Doctoris. Medicinae Peritiss. Et pudiciß. virginis, ipsius Sponsae...1566.

MOLLERUS Petrus / SAXO, Henricus: In duodecimum diem maii, qui est natalis Petri Saxonis Wismariensis, elegia. 1566.

DUSSELDORPIUS, Johannes: Typus ex capite VI. Apocalypseos Johannis, continens vaticinia de praecipuis poenis, quibus Deus peccata generis humani puniet...1566.

FREDER, Johannes: Carmina in honorem nuptiarum reverendi et docti viri, D. Jacobi boemeri, fidelis vvarnemundensis ecclesiae pastoris, et pudicae virgini...1567.

PAULI, Simon: Dispositio in partes orationis rhetoricae, et brevis textus enarratio, evangeliorum, ut vocant, quae diebus dominicis et festis sanctor...1567.

CHYTRAEUS, David: Chronologia historiae Herodoti et Thucydidis, recens recognita et aucta. 1567.

---

[49] Nur zwei Exemplare sind noch vorhanden, in Halle / Saale (Marienbibliothek) und in Senden-Bösensell (Von und zur Mühlen'sche Bibliothek / Nünning).

POSSEL, Johannes: De disciplina honesta in academiis conservanda: oratio habita in renunciatione novi rectoris a M. Johanne Posselio. Die 26. Aprilis. 1567.

De duedesche psalter. Simon Leopold und Jakob Lucius. 1567.

HILDEBRAND, Rudolf: Miles Christianus, heroico carmine scriptus, et publice recitatus in celeberrima academia Rostochiana...1567.

LUIDKE, Matthäus: Abdruck eines schreibens und einfeltigen berichts wie bey unsern tzeiten in diesen geschwinden leufften in artikeln der justification...1567.

Scripta in academia Rostochiensi publice proposita, ab anno Christi 1560. Usque ad octobrem anni 1563. Et inde ad initium anni 1567. 1567.

FREDERUS, Johannes; Höchelius, Theodor: Epicedion Theodoro Hoechelio Hamburgensi, Pauli Hoechelij filio, evocato ex hac fragili vita VI. Cal. Decembris, anno 1567. 1567.

HILDEBRAND, Rudolf: Carmen heroicum de pentecoste, veteris et Novi Testamenti. Scriptum a Rodolpho Hillebrando Bremensi. 1568.

HILDEBRAND, Rudolf: Carmina gratulatoria, scripta in honorem reverendi, et clarißimi viri, pietate vera praestantißimi,...1568.

FREDER, Johannes: In honorem coniugii Nathanis Chytraei, viri ornatissimi, artium liberalium magistri, poëtae eximii et poëseos in academia Rostochiensi...1568.

PAULI, Simon: Dispositio in partes orationis rhetoricae, et brevis textus enarratio, evangeliorum, ut vocant, quae diebus dominicis et festis sanctor...1567.

SCHLICHTING, Peter: Epitaphium reverendi viri, eruditione et pietate praestantis, D. Henrici Mechovv arentzesensis, concionatoris ecclesiae garthoviensis...1568.

CHYTRAEUS, David: Auslegung der Offenbarung Johannis darin viel artickel Christlicher lehr viel Historien und noetiger heilsamer trost ...1568.

OMCKE, Johannes: Das leben und sterben Ern Gerard Omken, gewesenen probstes zu Gustraw und Superintendenten der Fuersten von Megklenburgk. 1568.

CHYTRAEUS, David: Chronologia historiae maccabaeorum usque ad natum Christum deducta explicatio malachiae prophetae...1568.

CHYTRAEUS, Nathan: Hodoeporicon, continens itinera Parisiense. Anglicum. Venetum. Romanum. Neapolitanum etc. Recitatum Rostochii...1568.

POSSEL, Johannes: Nuptiis Nathanis Chytraei, et Gertrudis Prengeriae. 1568.

NIEBUHR, Lorenz: Laurentii Niebur hamburgensis, juris in academia Rostochiana professoris disputatio super l. Nuptias, de diversis regulis juris ...1568.

NIEBUHR, Lorenz: De his, quae vi, metusve causa gesta sunt theses. 1568.

FREDER, Johannes: De sapientia et bonitate dei, quae ex contemplatione astrorum elucet, carmen Johannis Frederi recitatum in celebri academia Rostochiensi...1568.

DELIUS, Joachim: Elegia de spe Christiana conscripta a Joachimo delio hamburgense. Addita sunt et alia nonnulla eiusdem carmina...1568.

BEER, Albert: Elegia gratulatoria in nuptias ornatissimi juvenis pietate ac virtute praestantis Pauli Siebenbaum et pudicae virginis Gesae...1568.

CHEMNITZ, Martin: Propositiones, de persona et beneficiis filii dei, domini et redemptoris nostri Jesu Christi: de quibus publicè, pro gradu doctoris ...1568.

Reformation und Hoffgerichts ordnung unser von Gotts gnaden Johans Albrechten und Ulrichen gebruedern Hertzogen zu Meckelnburg, Fuersten zu Wenden, Graven zu Schwerin, der lande Rostock und Stargart Herrn. 1568.

CASELIUS, Johannes: Oratio pro arte poetarum. 1569.

CASELIUS, Johannes: Epistolarum in Italiam missarum liber. 1569.

CASELIUS, Johannes: In librorum Aristotelis de vita et moribus interpretationem. Prooemium. 1569.

MEMMIUS, Petrus: Disputatio de catarrho, a D. Petro Memmio instituta. Disputabitur die augusti in auditorio maiori. 1569.

KLING, Bartholomaeus: Disputatio circularis de origine juris, et studio jurisprudentiae recte inchoando. 1569.

HAMELMANN, Hermann: Concio de latronibus una cum Christo crucifixis, qua unius securitas, et alterius vera poenitentia, fidesque adeò mirifica describitur...1569.

GÜNTHER, Owen: De felicitate, seu fine hominis, disputatio philosophica magistri Oveni Guntheri Holsati, professoris physicae in inclyta academia Rostock... 1569.

FAERNO, Gabriello: Fabulae Aesopicae centum. Annis non ita multis ante in urbe scriptae, ita praeclare. 1569.

PAULI, Simon: Methodi aliquot locorum doctrinae ecclesiae dei, illustratae exordiis et aliis partibus orationis, in quibus monstratur usus dialectica...1569.

CHYTRAEUS, David: Oratio Davidis Chytraei, habita in academia Rostochiensi cum post reditum ex Austria, ad chronici lectionem reverteretur...1569.

HAMELMANN, Hermann: Perpetuus consensus sanctorum patrum, qui post tempora apostolorum, vixerunt, homin[em] peccatorem justificari sola fide in Christum, ex testimoniis...1569.

CHYTRAEUS, Nathan: Lamentatio de morte D. Alberti Marchionis Brandenburgensis, et primi ducis Borussiae. Auctore Nathane Chytraeo. 1569.

BACMEISTER, Lucas: Disputatio. Complectens summam et ordinem doctrinae, in epistola ad Hebraeos traditae, de sacerdotio et sacrificio Christi, instituta...1569.

BRUCAEUS, Heinrich: Propositiones de morbo Gallico, de quibus doctore Henrico Broucaeo praeside, respondebit pro gradu licentiae, Carolus Battus...1569.

DABERCUSIUS, Matthias Marcus: Quaestionum de grammatica Latina, sive de analogia libri duo: ad usum scholae suerinensis conscripti a Matthia Marco Dabercusio. 1569.

BRAMER, David: Vier erndte predigte uber das Evangelium am siebenden Sontag nach Trinitatis Marci am 8. Darinnen was einem jeden Christlichen bauman ...1569.

FREDER, Johannes: Carmina scripta in honorem sacri nuptialis reverendi viri doctrina pietate et virtute praestantis domini M. Jacobi Heimstedii Gnoiensis...1570.

CHYTRAEUS, David: Chronologia historiae Herodoti et Thucydidis, recognita, et additis ecclesiae Christi ac imperii Romani rebus praecipuis, ab initio mundi, usque ad nostram aetatem contexta. 1570.

ARISTOTELES: Ethicorum ad Nicomachum liber quinctus. De justitia et jure. 1570.

CHYTRAEUS, Nathan: Memoriae Danielis Rantsovii, herois veteri nobilitate, scientia litterarum et rei militaris, fortitudine et auctoritate clarißimi...1570.

CASELIUS, Johannes: Memoriae ornatissimi doctissimique juvenis Alberti Kirchovii, patricii Rostochiensis, amplissimi consulis Bartoldi Kirchovii filii...1570.

CASELIUS, Johannes: Nuptiis illustrissimi Joachimi Friderici, Joannis Georgii f. Joachimi II. Electoris n. Marchionis Brandenburgensis, ducis Pomeraniae etc...1570.

CHYTRAEUS, David: Oratio Davidis Chytraei, habita in academia Rostochiensi, cum post reditum ex Austria, ad chronici lectionem reverteretur....1570.

BACMEISTER, Lucas: De modo concionandi. Simplex informatio eorum, qui ad munus docendi publicè in ecclesia aliquando accedent. Tradita in academia Rostochiensi. 1570.

Der durchleuchtigen hochgebornen Fuersten unnd Herren, Herrn Johans Albrechts und Herren Ulrichs gebruedern Hertzogen zu Meckelnburgk Hoffgerichtsordnung. 1570.

Der durchleuchtigen hochgebornen Fuersten und Herren, Herrn Johans Albrechts und Herren Ulrichs gebruedern Hertzogen zu Meckelnburgk Fuersten zu Wenden Grafen zu Schwerin der lande und Stargart Herren, Kirchengerichts oder consistorii ordnung in ihrer F.G. Universitet zu angerichtet 1570.

FERBER, Johannes: Ad spiritum sanctum omnipotentem cum patre et filio deum Joannis Ferberii Viennensis. Votum. 1570.

POSSEL, Johann: Sententiae de ratione studiorum recte instituenda. De quibus praeside M. Johanne Posselio, respondebit Sigebertus Lagemannus. 1570.

Traditio Domus Eliæ De Sex Millibus Annorum Mundi, Qvæ Extat In Iudæorvm Commentariis Seu Thalmud: Tomo Qvarto, lib. 2....1570.

CHYTRAEUS, Nathan: Triumphus temporis. Auctore Nathane Chytraeo. 1570.

FREDER, Johannes: In laudem pueri Jesu carmen Johannis Frederi Hamburgensis. 1571.

Carmina gratulatoria, scripta in honorem reverendi et clarissimi viri, doctrina, pietate, et virtute praecellentis, D. Joachimi Westphali. 1571.

EDELING, Joachim: Hodoeporicon boemicum. Austriacum. Ungaricum. Etc. 1571.

Constitution der Hertzogen zu Meckelburgk wie es hinfuero mit den Superintendenten auch Kirchen personen und guetern und etlicher dabey befundener mengel halben in I. F. G. landen gehalten werden soll. 1571.

CHYTRAEUS, David: De officiis virtutum omnium. Libri III. David Chythraeus. 1571.

AESOPUS: Hundert fabeln. 1571.

Memoriae Hermanni Carstenii patricii Lubecensis optimae indolis et spei adolescentis. Scripta et carmina amicorum. 1571.

CHYTRAEUS, Nathan: Nuptiis viri clarissimi Joannis Caselii, et Gertrudis Myliae, virginis primariae, carmina amicorum. 1571.

CHYTRAEUS, David: Oratio Davidis Chytraei, cum post reditum ex Austria, ad chronici lectionem reverteretur. 1571.

CHYTRAEUS, David: De Johanne Lucano de illustrissimo principe Henrico oratio oratio de judiciis ecclesiasticis, habita in primo consensu consistorii Rostochiensis ...1571.

CHYTRAEUS, Nathan: Lepidissimae aliquot epistolae et satyrae praestantium poetarum nunc primum in Germania editae. 1571.

CYPRIANUS, Thascius Caecilius: Consolatio philosophica duae consolationes, morti opponendae: altera Christiana, magno et ardenti ac planè divino spiritu...1571.

POUWELSZ, Simon: Propositiones complectentes dispositionem et summam epistolae ad Romanos, de quibus, praeside Simone Pauli sacrae theologiae doctore ...1571.

GEBERTZHAGEN, Wigand: Carmina gratulatoria. In honorem reverendi viri doctrina, pietate et virtute praestantis D. Iohannis Creisbachii ecclesiarvun eius partis dithmariae quae illustrißimo Holsatiae ...1572.

GRASS, Michael: In nuptias illustrissimi principis Bugislai, ducis Pomeraniae, et serenissimae dominae, clarae principissae Luneburgensis. 1572.

MEMMIUS, Petrus: Disputatio circularis continens propositiones de temperamento, de quibus praeside doctore Petro Memmio artis medicae professore et acad...1572.

GARBER, Heinrich: Epithalamium in nuptias doctissimi viri D. Antonii Sommeri, reip. Vunstorpianae secretarii, et pudicissimae virginis Barbarae D. Johannis ...1572.

LUTHER, Martin: Auserlesene gantz herrliche und frölich Außlegungen der fürnembsten tröstlichsten stücke uber die sontägliche und der fest Evangelium...1572.

CHYTRAEUS, David: Auslegung der offenbarung Johannis darin viel artickel Christlicher lehr viel historien und noetiger heilsamer trost nutzlich erklert...1572.

CATO, Marcus Porcius: Disticha moralia, sive cato. Item publii mimographi, aliorumque veterum poetarum sententiae argutißimae, quarum illae olim ab Erasmo Roterodamo ...1572.

CHYTRAEUS, Nathan: Friderico II. Daniae, Norvegiae, sclavorum gothorumque regi sereniß. etc. Slesuuigiae, Holsatiae, Stormariae et Teutomarsiae ...1572.

CREISBACH, Peter: Nuptiis doctissimi viri M. Christophori Hortensii, publici in academia Rostochiensi professoris: et pudicissimae virginis Annae ...1572.

SCHRÖDER, Gottfried: Nuptiis ornatissimi viri Joannis Glovicii Lubecensis sponsi, et Catharinae Sasseniae virginis Rostochiensis primariae. Carmina amicorum. 1572.

Nuptiis viri doctissimi M. Christophori Hortensii, ... & Annae Macheniae Sponsae carmina amicorum : [Hochzeitsglückwünsche für Christoph Gärtner, Professor in Rostock, und Anna Machen] 1572.

CICERO, Marcus Tullius: Cato maior, seu de senectute libellus: cum dispositione argumentorum, et annotationibus, per Johannem Alburgensem exceptis ex praelection...1572.

CHYTRAEUS, David: De studio theologiae recte inchoando, et aliis aliquot utilibus materiis commonefactiones. 1572.

Der durchleuchtigen hochgebornen Fuersten und Herren, Herrn Johans Albrechts und Herren Ulrichs gebruedern Hertzogen zu Meckelnburgk Fuersten zu wenden policey und landtordenunge. 1572.

CHYTRAEUS, David: Der fuernembsten heubtstuck Christlicher lehr nuetzliche und kurtze Erklerung. 1572,

BROIZEM, Joachim von: Doctiss. et opt. Viro M. Christophoro Hortensio sponso, et pudicissimae virgini Annae Macheniae sponsae. 1572.

GARBER, Heinrich: Elegia de virtute et efficacia precationis. 1572.

Propemptica quaedam amicorum. Scripta in felicem ex inclyta urbis rosarum academia discessum juvenis D. Georgii Laubenii Silesii...1572.

BACMEISTER, Lucas: Propositiones de coena domini de quibus, deo juuante, praeside D. Luca Bacmeistero, respondebit M. Joachimus Bungerus. 1572.

GARBER, Heinrich: Carmina gratulatoria in honorem ornatissimi et doctissimi viri D. Antonii Bocatii, cum in celeberrima urbis rosarum academia magisterii...1573.

HAUSSEN, Heinrich: Imagines aliquot, plenae pietatis et doctrinae, paßim in sacrarum literarum mysteriis adumbratae...1573.

CHYTRAEUS, Nathan: Imaginum et meditationum sacrarum. Libri III. 1573.

CHYTRAEUS, David: Chronologia historiae Herodoti et Thucydidis. Recognita et additis ecclesiae Christi ac imperii Romani rebus praecipuis, ab initio mundi, usque ad nostram aetatem contexta. 1573.

PERISTERUS, Wolfgang: Confessio ein hertzlich und standhafftig bekentnis von den fuernemsten insonderheit aber von den jetzt und zu aller zeit streitigen art...1573.

CHYTRAEUS, Nathan: Epigrammatum Nathanis Chytraei. Liber I. 1573.

CHYTRAEUS, David: Auslegung der offenbarung Johannis darin viel artickel Christlicher lehr viel historien und noetiger heilsamer trost nutzlich erklert...1573.

TIMANN, Albert: De Alfonso rege Aragonum et neapolis, oratio illustribus omnium virtutum sapientißimo et fortiss. Regi convenientium, et laudabiliter ...1573.

BRUCAEUS, Heinrich: Henrici Brucaei, de motu primo libri tres. 1573.

PAULI, Simon: Propositiones de vera Dei ecclesia et notis, seu signis propriis, monstrantibus coetum verae ecclesiae hîc in terris...1573.

CHYTRAEUS, David: Sententiae de lege Dei ad circularem disputationem propositae, de quibus deo juvante, praeside D. Davide Chytraeo respondebit M. Philippus Marbachius. 1573.

CHYTRAEUS, Nathan: In librum Aristotelis de arte poetica proëmium Nathanis Chytraei. 1574.

PYTHAGORAS: Aureorum pythagorae carminum, et praeceptionum phocylidis moralium interpretatio. Poema praeceptiones morales. 1574.

SADOLIN, Hans Jørgensen: Dani, uranie: sive de rebus divinis liber, ad inclytum lubecae imperialis senatum. 1574.

BATTUS, Levinus: De valetudine conservanda theses, ad disputandum propositae a Levino Batto gandauensi, artis medicae et philosophiae doctore, ad diem 2...1574.

AESOPUS: Hundert fabeln. 1574.

Memoriae clarissimi et optimi viri d. Hermanni a Vechteide jurium doctoris, consulis et syndici imperialis rei pub. Lubecensis. 1574.

CAMERARIUS, Heinrich: Oratio de juris Romani initiis, progressu ac libris, horumque ordine, serie ac compositione, scripta et habita ab Henrico Camerario. 1574.

CHYTRAEUS, Nathan: Pompa splendidissimi, in urbem suam Rostochium, post felicem controversiarum transactionem, ingressus illustriss. Princip. ...1574.

RIVIUS, Johann: De officio pastorali ministrorum ecclesiae in pagis libellus, iis etiam, qui in urbibus evangelion docent, non inutilis. 1574.

RINOW, Peter: Dreizehen predigten uber den drawspruch Ezechielis am 3. Capittel. 1574.

MICHAELIS, Petrus: Davids psaltare...1574.

CREISBACH, Peter: Propempticon clarissimo et doctissimo viro Henrico Bullio mindensi, I. V. Doctori, et ingenuis adolescentibus D. Erico Jacobi et Johanni Rodewalt Rostochio feliciter Coloniam abeuntibus, amicitiae ergò scriptum. 1574.

POUWELSZ, Simon: Propositiones de libero arbitrio, seu viribus humanae voluntatis de quibus praeside Simone Pauli, theologiae doctore et professore...1574.

Variarum rerum vocabula cum sveca interpretatione recognita et aucta. 1574.

CHYTRAEUS, Nathan: Carmina funebria in gratiam amicorum scripta à Nathane Chytraeo. 1575.

Carmina amicorum in nutias reverendi et doctissimi viri D. Joachimi Fredercinii pastoris ecclesiae vuardensis vigilantiß...1575.

CREISBACH, Peter: In obitum nobilissimae principis, Dorotheae, sereniss. Regis Danorum Friderici primi filiae, illustriß. Principis et domini...1575.

CASELIUS, Johannes: De laudibus Justinae Rudeliae liber. Ad Laurentem Carcouium, eius maritum, virum clarißimum. 1575.

CASELIUS, Johannes: In ethicorum Aristotelis interpretationem prolegomena. 1575.

FREDER, Johannes: Epicedion reverendi viri D. Joachimi Westphali, superintendentis ecclesiae hamburgensis. 1575.

SECKERWITZ, Johannes: Epithalamia scripta in honorem doctissimi et ornatissimi viri M. Sebaldi Kobrovii, rectoris scholae gryphswaldensis, cum honestißima...1575.

PAULI, Simon: Assertiones de justificatione hominis peccatoris coram deo. Ad quas praeside doctore Simone Pauli, publicè respondebit...1575.

HAMELMANN, Hermann: De vita aeterna, et quod in ea electi omnium rerum absolutissimam cognitionem sint habituri et noticia singulorum illustrati erunt...1575.

HAMELMANN, Hermann:
De angelis conciones duae Oldenburgi habitae in aula in quarum una tractatur de nominibus, natura affectu atque officiis. 1575.

BRUCAEUS, Heinrich: Henrici Brucaei belgae, mathematicarum exercitationum libri duo. 1575.

Memoriae honestissimae Justinae Rudeliae. Cl.v.dn. Laurentii Kirchovii, I.v. doctoris, et in academia Rostochiana professoris primarii, ...1575.

CHYTRÄUS, Nathan, FREDER, Johannes: Memoriae illustrissimae dominae Dorotheae serenissimi Danorum regis Friderici primi filiae: illustrissimi Megapolitanorum ducis Christophori coniugis. Luctus academiae Rostochiensis. 1575

CASELIUS, Johannes: Nuptiis nobilis et clarissimi dn. Othonis Praenii Megapolitani, camerae imperialis assessoris: et nobilis virginis Annae Bursiniae Pomeranae ...1575.

CHYTRAEUS, David: Oratio habita a Davide Chytraeo, cum gradus doctoris theologiae D. Cyriaco Simoni, superintendenti ecclesiae in inclyta urbe Hamburga...1575.

CHYTRAEUS, Nathan: Paraphrasis psalmi LXV. Pro messe et vindemia uberrima, gratias deo agentis. 1575.

CREISBACH, Peter: Passio Jesu Christi servatoris nostri. 1575.

CREISBACH, Peter: Libri duo Christiadum. Ad illustrissimum principem Johannem seniorem, ducem slesuici, Holsatiae etc. 1575.

CHYTRAEUS, David: De resurrectione Christi et carnis nostrae ex I. Cor. XV. Theses. Ad disputationem anniuersarium propositae, de quibus praeside D. Davi...1575.

CHYTRAEUS, David: Der fuernembsten heubtstuck Christlicher lehr nuetzliche und kurtze Erklerung. 1575.

CAMERARIUS, Joachim: Capita pietatis Christianae, versibus Graecis divinitus expressa à cl.v. 1576.

CASELIUS, Johannes: In Thucydidis interpretationem prolegomena. 1576.

CHYTRAEUS, David: Catechesis Davidis Chytraei. Postrem recognita. 1576.

WENZEL, Andreas: Epicedion clmi. et optmi viri splendore generis, eruditione et virtute praestantis dn. Gisleri Gisfler I.v.l principis Udalrici ducis Megapolitani cancellarii, scriptum a M. Andrea Vvencelio Silesio. 1576.

CHYTRAEUS, Nathan: Epigrammata quaedam non illepida, in adventum Friderici II. Regis; et Sophiae reginae Danorum et Norvegiorum feliciss. et potentiß...1576.

BACMEISTER, Lucas: De poenitentia propositiones, ad disputationem circularem propositae. De quibus, deo juuante, praeside D. Luca Bacmeistero...1576.

PERISTERUS, Wolfgang: De examinibus scholasticis brevis et succincta oratiuncula. In gymnasio vuismariensi a D. Wolfgango Peristero habita. ...1576.

CHYTRAEUS, David: Historia der Augspurgischen Confeßion: wie sie erstlich berahtschlagt verfasset und Keiser Carolo V. ubergeben ist sampt andern religions handlungen. 1576.

MYLIUS, Andreas: Memoriae ill. Principis D. Joan. Alberti ducis megapol. Elegia ad illust. Principem D. Vdalricum, ducem megapol. D.s. Clementiß. 1576.

CHYTRAEUS, Nathan: Memoriae illmi. et optmi. principis, dn. Joannis Alberti, ducis Megapolitani. Lacrymae academiae Rostochiensis jussu M. Rectoris effusae. 1576.

Memoriae illustriss. Principis ac domini dn. Joannis Alberti ducis Megapolitani luctus scholae gustrovianae. 1576.

CASELIUS, Johannes: Nuptiis Bernardi Buggenhagii, juvenis nobilissimi, et doctrina virtuteque praestantißimi. 1576

POSSEL, Johannes: Oratio de imminente barbarie, habita à decano M. Johanhe Posselio, cum decerneret gradum magisterii philosophici aliquot honestis ...1576.

CYRIACUS, Johannes: Oratio habita a magnifico et generoso domino, dn. Johanne cyriaco, libero barone in polhaim et vvarttenburg etc. ...1576.

CASELIUS, Johannes: Oratio Joannis Caselii habita in funere Joannis Alberti ducis Megapolitanorum suerini, in summo templo pridie k. Mart. Anno M. D. LXXVI ...1576.

VETURIUS, Petrus: Oratio Petri Victorii, habita in funere Cosmi Medicis magni ducis etruriae. Altera eiusdem habita in funere Eleonorae Toletanae...1576.

TERENTIUS AFER, Publius: Comoedia adelphi, et in eam commentariolus, praeter locorum difficilium explicationes, ea indicans...1576.

ANGELIO, Pietro: Petri Angelii bargaei quo ordine scriptorum historiae Romanae monimenta legenda sint libellus. 1576.

OMCKE, Franz: Lacrymae illustrissimi principis ac domini dn. Christoferi ducis megapolensis etc. Ad tumulum dominae Dorotheae serenß. Danorum regis...1576.

PAULI, Simon: Leichpredigt in dem Begrebnis der Frawen Dorotheen geborn aus Koeniglichem stamme zu Dennemarcken etc. Hertzogin zu Meckelnburgk ...1576.

BOHEMUS, Matthaeus: Leichpredigt zum Begrebnis des Herrn Johann Albrechten Hertzogen zu Meckelnburg, Fuersten zu Wenden, Graffen zu Schwerin gethan zu Schwerin den letzten Februarii anno domini 1576. 1576.

PRAETORIUS, Stephan: Luscinia cantatrix. M. Stephani Praetorii. Cum epistola Davidis Chytraei. 1576.

HEDERICH, Bernhard: Elegia Bernhardi Hederici in obitum ill.mi ducis Joan. Alberti, ducis megapolensis etc. 1576.

POSSEL, Johann: Regulae vitae, versibus Graecis redditae et illustratae a Johanne Posselio. 1576.

BACMEISTER, Lucas: In historiam passionis, mortis, et resurrectionis domini nostri Jesu Christi, à quatuor evangelistis descriptam...1577.

DIONYSIUS Periegeta: [De orbis situ] Dionysius Afer de orbis situ, Prisciano interprete. 1577.

Epistolae de vocandis idoneis fidelibusque ecclesiae ministris, eorumque conditionibus et virtutibus. 1577.

CYRIACUS, Johannes; CHYTRAEUS, Nathan: Apobathrion ad academiam Rostochiensem Joannis Cyriaci L. Baronis in Polhaim et Wartenburg etc. 1577.

ARISTOTELES: Technes retorikes biblia g. De arte dicendi libri tres, opera et studio, quàm emendatißimè editi, et quàm diligentißimè correcti, ...1577.

ARISTOTELES: De arte rhetorica. Libri tres. 1577.

HUSANUS, Heinrich: Elegiarum libri Henrici Husani jurisconsulti horarum succisivarum sive imaginum mosaicarum libri duo. Elegiarum libri totidem. 1577.

CHYTRAEUS, David: Historia der Augspurgischen Confeßion: wie sie erstlich berahtschlagt verfasset und Keiser Carolo V. ubergeben ist sampt andern religions handlungen. 1577.

BASSEVITZ, Jochim: Memoriae Thomae Rhedigeri juvensis et nobilissimi et clarissimi. Luctus. Joachimi Bassevitii. Joannis Caselii. Nathanis Chytraei. 1577.

CHYTRAEUS, Nathan: Natalis Jesu Christi Dei et virginis filii, inchoans annum M. D. LXXVII. 1577.

MEINKE, Georg: Nuptiis clarissimi, et doctissimi viri, dn. Joachimi Gregorii, I.v. D. Cancellarii megapol. Et primariae faeminae Lubecensis...1577.

CHYTRAEUS, David: Oratio Davidis Chytraei de dicto Pauli, formam habeto sanorum verborum, quae à me audivisti, bonum depositum custodi. 1577.

VETURIUS, Petrus: Epistolarum ad Germanos missarum libri tres. Nunc primum editi ab Joanne Caselio. 1577.

PLUTARCHUS: Oratio consolatoria ad apollonium, et praecepta coniugalia. Graecè in usum scholarum seorsim excusa. Cum praefatione Johannis Posselii...1577.

GULIELMUS, Janus: De magistratibus reipub. Romanae, dum in libertate urbs fuit, libellus Joannis Gulielmi Lubecensis. 1577.

CHYTRAEUS, David: De stella inusitata et nova, quae mense novembri, anno 1572. Conspici coepit. Et de cometo sidere, quod hoc mense novembri anno 1577 videmus. 1577.

CASELIUS, Johannes: Egithalamios. Nuptiis illustrissimi principis, Joannis Friderici, ducis Pomeraniae, etc. 1577.

WENZEL, Andreas: Elegia de causis incarnationis Christi, salvatoris nostri, Dei et Mariae virginis filii. Ad coenobii leubensis sylesiorum ad odram...1577.

GROSCH, Johannes: Tröstspråk för bekymrat samvete. 1577.

JOHANNIS GOTHUS, Petrus: Undervisning om en rätt kristlig bön. 1577.

BATTUS, Levinus: Propositiones de epilepsia pro disputatione circulari propositae, ad quas praeside Levino Batto artis medicae doctore respondebit ...1577.

SCHACHT, Valentin: Propositiones de veteri et novo homine. Ad circularem disputationem propositae. De quibus, deo juvante...1577.

DABERCUSIUS, Matthias Marcus: Quaestionum de grammatica Graeca libri duo...1577.

DABERCUSIUS, Matthias Marcus: Quaestionum de grammatica Latina libri quatuor: ad usum scholae suerinensis conscripti a Matthia Marco Dabercusio. His accessit eiusdem...1577.

CHYTRAEUS, David: Vom newen stern welcher anno M.D. LXXII. Im November erschienen. und vom cometen welchen wir im November dieses lauffenden M.D.LXXVII. ...1577.

XENOPHON: Xenophontis agesilaus Joanne Caselio interprete. Eiusdem Caselii nonnulla alia, quae studiosos litterarum non sine voluptate et aliquo ...1577.

POSSEL, Johann: Syntaxis linguae Graecae recognita, et multis utilibus regulis ac exemplis aucta. 1577.

PAULI, Simon: Bildnis unnd gestalt einer erschrecklichen unnatuerlichen und ungewönlichen geburt eines kindes welches anno 1577. den 20. Decembris ...1578.

CURIO, Georg: Carmen de incarnatione Jesu Christi, item de magis. Ad clarissimum virum M. Eberhardum Obermannum, theologiae, artium ac linguarum...1578.

Carmina gratulatoria, et propemptica in honorem clarissimi et doctissimi viri, domini magistri Tilemanni Hoffmeisteri alburgensis...1578.

DELLA CASA, Giovanni: Galateus. Seu de morum honestate et elegantia, liber ex italico Latinus, interprete Nathane Chytraeo. 1578.

CASELIUS, Johannes: In explicationem Xenophontis primi cyri paediae prooemium. 1578.

DIO CHRYSOSTOMUS: De regno libri quatuor. Andrea Mylio interprete. 1578.

DIONYSIUS PERIEGETES: De orbis situ, Prisciano interprete. 1578.

CHYTRAEUS, David: Chronologia historiae Herodoti et Thucydidis. Recognita, et additis ecclesiae Christi ac imperii Romani rebus praecipuis, ...1578.

JACOBI, Erik: Epicedion Benedeticto Teubero cl.v. Michaelis Teuberi I.v. D. f. In urbe rosarum pie defuncto sriptum ab erico Jacobi stokholmensi. 1578.

AESCHINES: Epistolai Aischinu tu retoros. Epistolae Graecae. Diligentia, utilitati Graecae doctrinae amantium...1578.

JOHANN ALBRECHT I., Herzog von Mecklenburg: Erbvertrag zwischen den regierenden Hertzogen zu Meckelburg an einem und derselbigen erbunderthenigen Stadt Rostock andersteils. 1578.

CHYTRAEUS, Nathan: Contra pestem epistola satyrica. 1578.

PERISTERUS, Wolfgang: De peregrinationibus honeste ac liberaliter susceptis. Oratio Rostochii recitata a Wolfgango Peristero Borusso D. XV. Octobris anno M. ...1578.

BRUCAEUS, Heinrich: Henrici Brucaei, de motu primo libri tres. Editio secunda, aliquot demonstrationibus aucta. 1578.

ULRICH III., Herzog von Mecklenburg: Meckelnburgische scheffer ordnung. 1578.

Memoriae optimi adolescentis Thomae Porcii mindensis Arnoldi Porcii, in inclyta urbe minda consulis, filii. 1578.

MYLIUS, Andreas: Mylianum ad Henricum Belovium marescallum regium. 1578.

CHYTRAEUS, Nathan: De cometa et monstro nuper in megapoli nato elegidion natalis D. N. Jesu Christi. M D LXXIIX. Carmine celebratus. Item de cometa...1578.

MEINKE, Georg: Nuptiis nobilissimi domini Theodorici Bevernestii, et Dorotheae Straledorfiae carmen. 1578.

CAMERARIUS, Heinrich: Oratio de legum dignitate et amplitudine, et institutionum imperialium utilitate et necessitate, scripta ...1578.

FLAMINIO, Marco Antonio: Carmina sacra, quae extant omnia, hoc modo nunquam hactenus edita. 1578.

CHYTRAEUS, David: Der fuernemsten heubtstuck Christlicher lehr nuetzliche und kurtze Erklerung. Sampt einer Christlichen Kirchen agenda, 1578.

OMCKE, Franz: Ein newe comoedia, darinn der unterschied warer trewer freundschafft und falscher heucheley fein artig fuergebildet. 1578.

Warhafftige erbaermliche und klaegliche Zeitung und bericht einer fuernemen personen von der grewlichen tyranney des Muscowiters auß Riga geschrieben den XXX. Augusti im 1577. jar. 1578

XENOPHON: Xenophontis cyri paediae liber primus. Ad illustrissimum principem Henricum Julium praesulem designatum Halberstad. Ducem Brunsvig. 1578.

CHYTRAEUS, David: Theses theologicae de statu animarum post hanc vitam: ad disputationem anniuersariam propositae. 1578.

Der Durchleuchtigen Hochgeborenen Fürsten und Herrn/ Der Hertzogen zu Mecklenburg/ zu Schwerin/ der Lande Rostock und Stargard Herrn/ Genealogia oder Stam Register...1578.[50]

DELLA CASA, Giovanni: Galateus. Seu de morum honestate et elegantia, liber ex italico Latinus, interprete Nathane Chytraeo. 1579.

CASELIUS, Johannes: De ludo litterario recte aperiendo liber. 1579.

CHYTRAEUS, David: Chronologia historiae Herodoti et Thucydidis recognita et additis ecclesiae Christi ac imperii Romani rebus praecipuis. 1579.

ARATUS [Solensis]: [Phaenomena] Aratu Soleōs phainomena. Arati Solensis phaenomena. [Hrsg.: Henricus BRUCAEUS]. 1579.

CORDIER, Mathurin: Colloquiorum scholasticorum libri IIII. Cum argumentis, et restitutione eorum, quae in pontificia editione vel deprauata fuerant...1579.

Biblia dat ys: de gantze hillige schrifft Duedesch. 1580.

---

[50] Großformatiger Holzschnitt: Jakob Lucius, Vorlage; Cornelis Krommeny. Das einzig erhaltene Exemplar wird im Landeshauptarchiv Schwerin aufbewahrt.

„an Nahrung ist bei mir alles tod"
Recherchen zur Lebensmühsal des Schweriner Hofbuchdruckers Wilhelm Bärensprung (1692 bis 1761)[1]

VON BERND SCHATTINGER

Von der Mecklenburg-Schwerinschen Holz-Ordnung des Herzogs Friedrich Wilhelm gibt es zwei nahezu deckungsgleiche Drucke, einen vom Schweriner Hofbuchdrucker Hartwig Lübcke und einen von Wilhelm Bärensprung; beide tragen hinter der Druckerangabe die Jahreszahl 1702.

Die Bibliothekskataloge in Schwerin[2], Rostock, Göttingen, Berlin und anderen Orten weisen aus, dass Bärensprung diese Ordnung im Jahr 1702 gedruckt hat. Dieser Katalog-Eintrag ist jedoch mit Blick auf die Lebensdaten Wilhelm Bärensprungs als fehlerhaft erkennbar, denn 1702 war dieser erst 10 Jahre alt und lebte noch in Zwickau; ab Dezember 1715 wurde er in Schwerin als Buchdrucker wirksam. Erst danach – wann genau ist aus dem Druck nicht erkennbar – hat Wilhelm Bärensprung die (offensichtlich zu diesem Zeitpunkt immer noch gültige) Holz-Ordnung aus dem Jahr 1702 neu gedruckt. Weil er dabei die Jahreszahl des Erlasses dieser Vorschrift hinter den Druckernamen gesetzt hat, kam es zu der zeitlich nicht exakten Einordnung dieses Druckes.

Dass der junge Sachse überhaupt nach Schwerin gelangte, hängt mit dem von 1701 bis 1712 größtenteils in Flandern ausgetragenen Spanischen Erbfolgekrieg zusammen. Der mecklenburgische Herzog Friedrich Wilhelm (1675 – 1713, folgt 1692) war, so konstatierte Georg Tessin 1922, *regelrecht darauf aus, aus den Truppen eine Einnahmequelle für das Land und die eigene Kasse*

---

[1] Das in der Überschrift verwendete Zitat stammt aus einem Brief Wilhelm Bärensprungs an Herzog Carl Leopold vom 10. Oktober 1716, zitiert bei SCHRÖDER, Carl: Die Anfänge des Buchdrucks in Schwerin. In: Jahrbücher des Vereins für mecklenburgische Geschichte und Alterthumskunde 60 (1895), S. 126.

[2] Auszug aus dem Online-Katalog-Eintrag der Landesbibliothek Mecklenburg-Vorpommern (künftig LBMV): [Holtz-Ordnung] *Des Durchläuchtigsten Fürsten und Herrn, Hn. Friedrich Wilhelms, Hertzogen zu Mecklenburg, Holtz-Ordnung: Wornach sich ein jeder, bey Vermeydung schwerer Straffe, zu achten*; [Schwerin den 1. Julij Anno 1702] ... Autopsie nach Ex. der SUB Göttingen. Vorlageform des Erscheinungsvermerks: Schwerin, Gedruckt bey Wilhelm Bärensprung Fürstl. Hof-Buchdr. 1702.

Des Durchläuchtigsten Fürsten
und Herrn/

Hn. Friedrich Wilhelms/

Hertzogen zu Mecklenburg/ Fürsten zu Wen-
den/ Schwerin und Ratzeburg/ auch Graffen zu
Schwerin/ der Lande Rostock und
Stargard Herrn/

Holtz=Ordnung/

Wornach sich ein jeder/ bey Vermeydung
schwerer Straffe/ zuachten.

(O)

SCHWERIN/
Gedruckt bey Wilhelm Bärensprung Fürstl. Hof-Buchdr. 1702.

Abbildung 1,1
„Holtz-Ordnung" des Herzogs Friedrich Wilhelm aus dem Jahr 1702
gedruckt bei Wilhelm Bärensprung (nach 1715)
LBMV, Mkl k 2645.

Des Durchläuchtigsten Fürsten
und Herrn/

Hn. Friedrich Wilhelms/

Hertzogen zu Mecklenburg/ Fürsten zu Wen-
den/ Schwerin und Ratzeburg/ auch Graffen zu
Schwerin/ der Lande Rostock und
Stargard Herrn/

Holtz: Ordnung/

Wornach sich ein jeder/ bey Vermeydung
schwerer Straffe/ zuachten.

Schwerin/
Gedruckt bey Hartwig Lübken/ Hoff-Buchdruckern. 1702,

Abbildung 1,2
„Holtz-Ordnung" des Herzogs Friedrich Wilhelm aus dem Jahr 1702
gedruckt bei Hartwig Lübke (1702)
LBMV, Mkl k 2645.

zu machen.[3] Folglich „vermietete" er seine Truppen an die Niederlande. Gemäß Vertrag vom 27. März 1701 zwischen den Generalstaaten und dem Herzog stellte Mecklenburg zwei Regimenter Infanterie von je 840 Mann Stärke. Die Niederlande übernahmen beide Regimenter in vollen Sold und Verpflegung, nachdem sie für die Übergabe je Kopf 25 Taler Werbegeld[4] entrichtet hatten – mithin 42.000 Taler. Die beiden mecklenburgischen Regimenter erlitten in den Kämpfen mit den Franzosen riesige Verluste; die Überlebenden rückten in französische Kriegsgefangenschaft ein. Mit dem Utrechter Frieden 1713 wurden die Regimenter Krassow und Flohr mit 435 bzw. 222 Mann mit dem Ziel gemustert, untüchtige Leute abzudanken, die Einheiten personell auf die Sollstärke zu bringen und nach Mecklenburg zurückzuführen.[5]

Laut Musterrolle vom 3. Dezember 1715[6] war *Wilhelm Bernsprung*, von Profession Buchdrucker, seit zweieinhalb Jahren als Gemeiner in mecklenburgischen Diensten. Folglich muss Wilhelm Bärensprung etwa zur Zeit der in Maastricht stattgefundenen Musterung und Vervollständigung der mecklenburgischen Regimenter auf Sollstärke im Frühsommer 1713 in mecklenburgische Dienste getreten sein. Er war damit zunächst wenige Wochen Soldat unter Herzog Friedrich Wilhelm, ab 31. Juli 1713 unter Herzog Carl Leopold (1678–1747, folgt 1713).

Wilhelm Bärensprung und später auch sein Sohn und Nachfolger behaupteten stets, dieser habe als Gemeiner den Feldzug nach Brabant mitgemacht. Diese nach Lage der Akten unrichtige Darstellung wurde in der Vergangenheit von der druckgeschichtlichen Literatur übernommen.[7]

Vielleicht war der damals erst 20-jährige Bärensprung auf seiner Gesellenwanderschaft in das als Papier- und Druckereistadt bekannte Maastricht gekommen und hatte sich dort in Zeiten des Friedens als Soldat rekrutieren lassen. Aber das sind Spekulationen.

Fakt ist, dass Wilhelm Bärensprung mit dem Krassowschen Regiment am 17. November 1713 in Schwerin ankam. Insbesondere das Fußvolk muss eine

---

[3] Tessin, Georg: Geschichte des mecklenburgischen Militärwesens 1648-1718. Diss. Rostock 1922 (masch.schriftl.), S. 2 LBMV-Signatur: Mkl l 372-4°.

[4] Ebenda, S. 5.

[5] Ebenda, S. 105.

[6] Landeshauptarchiv Schwerin (künftig LHAS), 2.12-2/18 Militärwesen, Nr. 3347. General-Muster Rollen des Bohlischen Regiments, Infanterie Anno 1715.

[7] Siehe: Schröder, Carl: Die Anfänge des Buchdrucks in Schwerin. In: Jahrbücher des Vereins für mecklenburgische Geschichte und Alterthumskunde 60 (1895), S. 123.

reichlich abgerissene und lädierte Truppe gewesen sein, denn Oberst von Bohlen, später Chef des Krassowschen Regiments, schrieb am 5. Oktober 1714 an Herzog Carl Leopold, dass die Mondierung durch die lange Gefangenschaft ruinieret wurde, und: es wäre kein *Eintziger, so nicht Hosen haben muss*, damit *sie ihre Schaam bedecken und sich vor die Kälte bergen können* ...[8] Ansonsten drohe eine noch stärkere Desertation bei den Gemeinen.

Wie wird Wilhelm Bärensprung die herzogliche Residenzstadt Schwerin beim Einrücken des Regiments erlebt haben? Er muss auf seiner Wanderschaft viele große deutsche und holländische Städte, Residenzen, Hanse- und Hafenorte gesehen haben; nun das befestigte Städtchen Schwerin mit seinen etwa 2.500 Einwohnern. Wilhelm Jesse kam in seiner Geschichte der Stadt Schwerin zu der Feststellung, dass die Zeit des letzten Drittels des 17. Jahrhunderts für Schwerin wohl die traurigste überhaupt gewesen ist,[9] denn die Folgen des Dreißigjährigen Krieges und des wiederholten herzoglichen Residierens an anderen Orten hatten zum Niedergang der Stadt beigetragen.

Was hat Wilhelm Bärensprung zum Bleiben in Schwerin bewogen? Da ist alles das als spekulativ auszuschließen, was heutzutage Menschen in die Landeshauptstadt zieht. Einziges sicheres Motiv ist die seit September 1714 vakante Stelle des Schweriner Buchdruckers; eine Möglichkeit, die nur eine echte Chance sein konnte, weil es keine majorennen männlichen Nachkommen des bisherigen Druckers und auch keine anderen am Aufstieg und der Übernahme der Offizin interessierten Buchdruckergesellen gab. Der Soldat Wilhelm Bärensprung ersuchte Anfang Dezember 1715 um seinen Abschied aus dem Militär, erhielt diesen offensichtlich kurzfristig, denn seine erste nachweisbare Rechnung als *Buchdrucker Wilhelm Bärensprunck* datiert auf den 16. Dezember 1715.

Er hatte auf Befehl der herzoglichen Kammer im Folio-Format 1.200 Exemplare des Durchführungserlasses zu Herzog Carl Leopolds Patent vom 3. Dezember 1715 *wegen Verpachtung der Ämter und Mayer-Höfe* gedruckt. Schon am folgenden Tag stellte Bärensprung die nächste Rechnung für den Druck von 300 Pässen auf Befehl der Geheimen Regierung.

Bei diesen Aufträgen handelte Wilhelm Bärensprung noch als Geschäftsführer der Hofbuchdruckerei Lembkes Erben. Der erst 23-jährige hatte am 9. Dezember 1715 die 39-jährige Hofbuchdruckerwitwe Christiane Juliane Lem-

---

[8] LHAS, 2.12-2/18 Militärwesen, Nr. 3341. Infanterie-Regiment v. Schwerin – v. Krassow – v. Bohlen – v. Kahlden, Montierung.

[9] JESSE, Wilhelm: Geschichte der Stadt Schwerin. Schwerin 1920, S. 242.

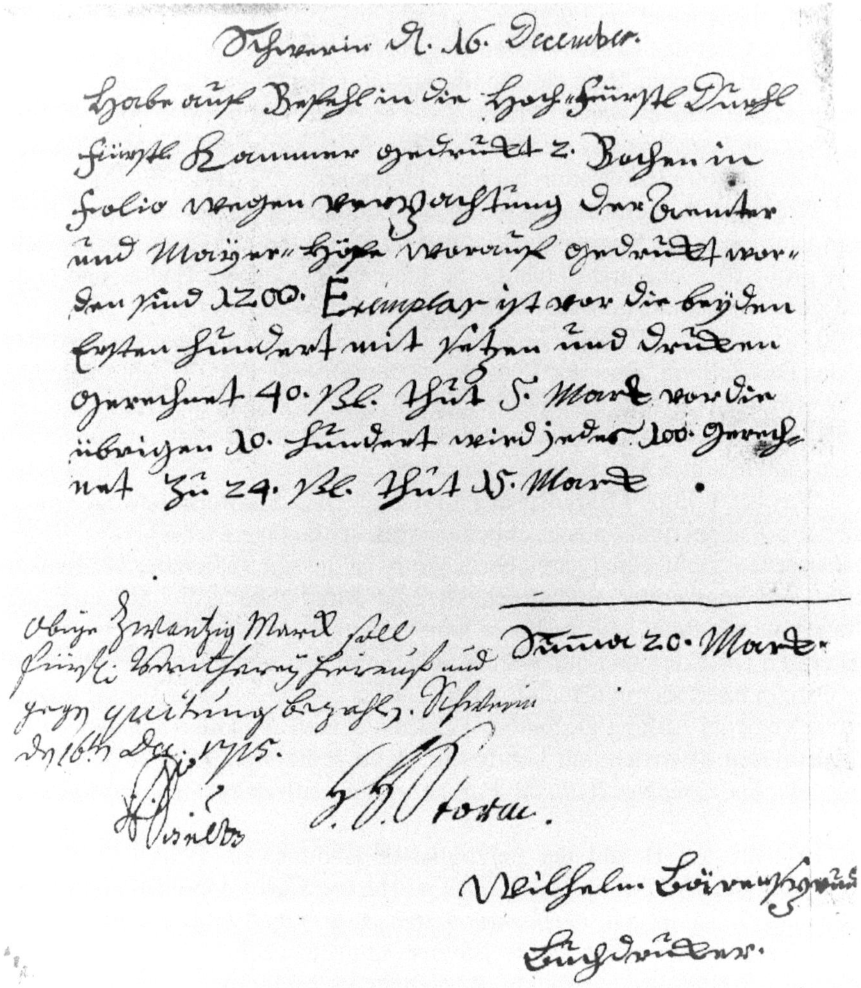

Abbildung 2
Rechnung vom 16.12.1715
LHAS, 2.21-1 Geheimes Staatsministerium und Regierung Nr. 177.

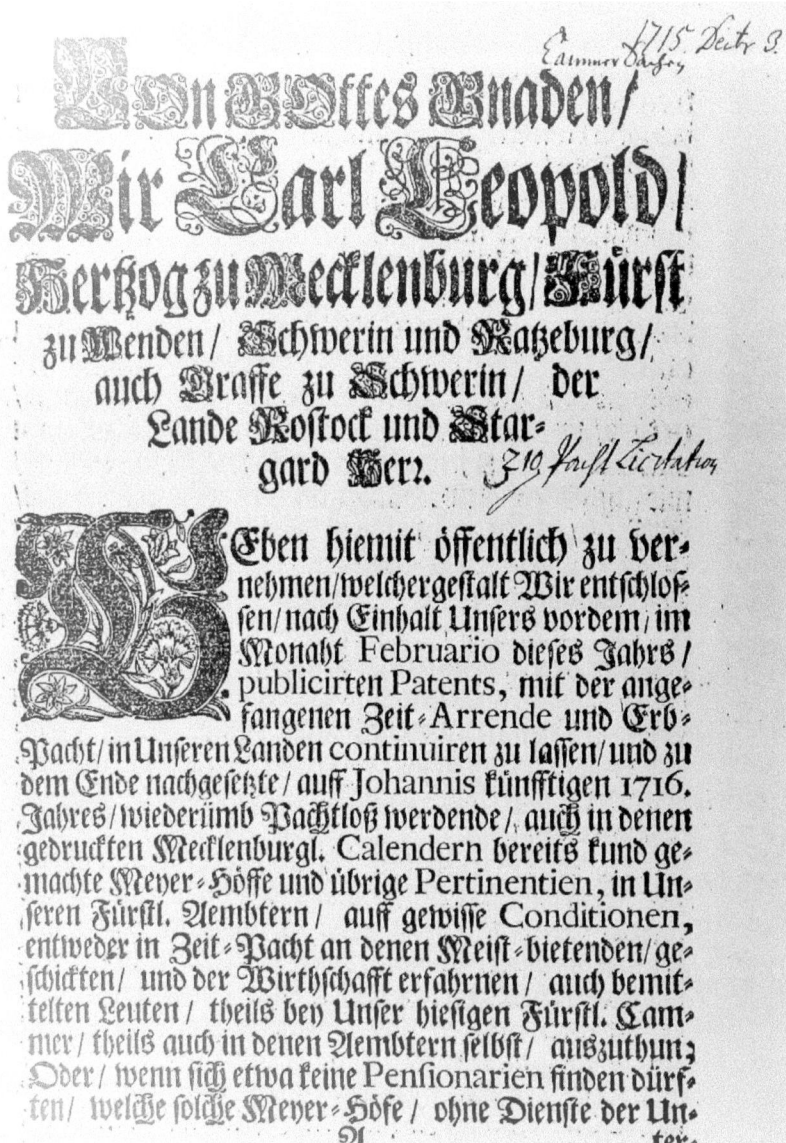

Abbildung 3,1
Auszug aus Durchführungserlass vom 3.12.1715
LBMV, Schmidtsche Bibliothek Bd. 128 Nr. 210.

-◆⊰)(7)(⊱◆-

Im Ambte Schwaan/ den 27. Martii.
85. Fahrenholtz.

den 28 Martii.
86. Blieseckow/ und
87. Reinshagen.

den 30. Martii.
88. Zoll/ und
89. Krug zu Grossen-Grentz.
90. Die Ziegeley.

Im Ambte Ribbenitz/ den 3. April.
91. Hoff Grahl.

den 4. April.
92. Hoff Sanitz/ und
93. Freyenholtz.

den 6. April.
94. Lütcken-Dierhagen.

den 7. und 8. April.
95. Die Schmiede zu Sanitz.
96. Land-Zoll zu Ribbenitz.
97. Herings-Zoll.
98. Krug vor Ribbenitz.
99. Papier-Mühl zu Mönckhagen.

Im Ambte Wredenhagen/ den 21. April.
100. Die Feldmarck Schabe/ mit dem Dorffe Rossaw.

Im Ambte Kühn/ den 27. und 28. April.
101. Der Baw-Hoff.
102. Hoff Moltenaw.
103. Die Schmiede zu Kühn.

Uhrkündlich/ unter Unserm Fürstl. Cammer-Insiegel/ und gegeben auff Unser Vestung Schwerin den 3. Decembr. 1715.

Carl Leopold.

(L.S.)

Abbildung 3,2
Auszug aus Durchführungserlass vom 3.12.1715
LBMV, Schmidtsche Bibliothek Bd. 128 Nr. 210.

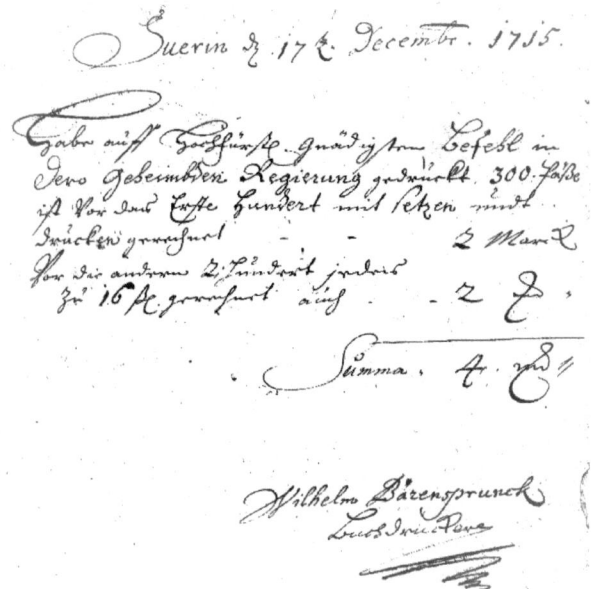

Abbildung 4
Rechnung vom 17.12.1715
LHAS, 2.12-4/3 Acta civ. Spec. Schwerin, Nr. 338

Von GOttes Gnaden / Carl Leopold /

Hertzog zu Mecklenburg/ Fürst zu Wenden/ Schwerin und Ratzeburg/ auch Graff zu Schwerin/ der Lande Rostock und Stargard Herr.

Demnach Vorzeiger dieses

vorhabens/ und denn an diesem Ort/ GOTT sey Danck! annoch reine und gesunde Lufft ist; Als werden alle und jede außwertige Landes-Obrigkeit/ dero hohe und niedrige Civil-und Militair-Bediente/ auch gemeine Soldatesqve zu Roß und Fuß/ und sonst Jedermänniglich/nach Standes erheischung geziemend ersuchet/ die Unsrige aber gnädigst befehliget/ obbenandte Person
aller Orten frey sicher und ungehindert passiren und repassiren zu lassen. Solches seynd Wir umb einen Jeden außwertigen/nach Standes Gebühr/ zu erwiedern erbietig und geneigt/ die Unsrige aber verrichten hieran Unsern gnädigsten Willen und Befehl. Uhrkündlich unter Unserm auffgedrückten Fürstl.Insiegel/und gegeben

Ad mandatum Ser^{mi}, proprium
Fürstl. Mecklenbl. zur Regierung
Verordnete Geheimte-und Rähte.

Abbildung 5
Gedrucktes Passformular unter Herzog Carl Leopold,
der kurzzeitig auch in Rostock residierte
LBMV, Schmidtsche Bibliothek Bd. 129

ke, geborene Schwartz, geehelicht. Diese war des *Schreibens nicht erfahren*[10]. Im 17. und 18. Jahrhundert war es kein Sonderfall, dass Handwerksgesellen nach dem Tod ihres Meisters die Witwe heirateten, war dies doch insbesondere im Druckereigewerbe oftmals die einzige Möglichkeit, zur Führung einer Druckerei zu gelangen. Mit Schreiben vom 18.12.1715 teilte er dem Herzog Carl Leopold mit, ihn verknüpfe mit der Witwe des seligen Hofbuchdruckers das unauflösliche Band der Ehe und er habe es auf sich genommen, *als ein Meister der Druckerey ohntadelich und mit Ernst vorzustehen.*[11] Seiner Bitte, ihn mit dem hochfürstlichen Privileg *alß Dero unwürdigsten Hoff-Buchdrucker*[12] zu versehen, wurde unter dem 28. Januar 1716 entsprochen. Das herzogliche Privileg zwängte Wilhelm Bärensprung in ein Korsett aus Rechten und Pflichten, so heißt es:

... daß er alhier zu Schwerin, frey und ungehindert männigliches, Bücher und allerhand dienliche Sachen, wan solche vorhero bey Unser Regierung von ihm angezeiget und censiret worden, drucken und verkauffen, die benöthigte Gesellen halten, auch Jungen lehren mag, was von Unß oder auß Unseren Fürstlichen Canzleyen Ihm zu drucken hingegeben wirdt, ordentlich und förmblich ... absetzen, darauff solcheß zur Correctur in der Cantzley überliefern, und, wan dabey nichts weiter zu erinnern ist, Eß vollends sofort abdrucken, auch, wenn man seiner Arbeit benöthiget ist, sich jederzeit willig, auffrichtig, getreu und fleißig finden laße, und übrigens wohl und unverweißlich verhalten soll und will ...[13]

Zugleich wurde Bärensprung als Hofbuchdrucker *von allen und jeden Bürgerlichen Oneribus, außer der allgemeinen Landes-Contribution ... eximiret und befreyet,*[14] was in den Folgejahren zu zahlreichen rechtlichen Auseinandersetzungen mit dem Rat der Stadt Schwerin führte, denn die vom Herzog Eximierten zahlten nicht nur keine kommunalen Steuern, sondern waren auch von städtischer Gerichtsbarkeit und von Einquartierungen befreit.

---

[10] Bei der Regelung der Vermögensverhältnisse im Zuge der Eheschließung zwischen der vormaligen Witwe Lembcke und ihrem jetzigen Ehemann Bärensprung musste das Protokoll für Christina Juliana Bärensprung von einem Zeugen unterschrieben werden, da die *jetzige verehelichte Bernsprung des Schreibens nicht erfahren* war, – LHAS 2.12-1/26 Hofstaatssachen – Bestallungen – Hofbuchdrucker Bärensprung, Protokoll vom 10. Februar 1716.

[11] SCHRÖDER, Carl: Die Anfänge (wie Anm. 7), S. 123.

[12] Ebenda, S. 124.

[13] LHAS 5.12-3/1 Ministerium des Innern 21173, Bl. 26/27.

[14] Ebenda., Bl. 26/27.

Diese scheinbar günstigen Startbedingungen relativierten sich rasch durch Belastungen im privaten Bereich und durch die obskuren Herrschaftsverhältnisse unter Herzog Carl Leopold.

Die Witwe Lembke brachte drei Kinder mit in die Ehe. Im Rahmen der städtischen Waisenvorsorge und der damit verbundenen Deklaration des Vermögens hielt der Stadtrichter Johann Francke am 10. Februar 1716 fest: *Es ... macht Wilhelm Bernsprung sich anheischig, nicht alleine gegen seine ... Ehefrau (sich) jederzeit als ein christlicher und vernünftiger Ehemann aufzuführen, sondern auch, da er bei deren Kindern an Vaters Stelle getreten, solche christlich und wohl erziehen, sie fleißig zur Schulen und Gottesfurcht, auch andern christlichen Tugenden zu halten, und so lange sie bei ihm sind, mit nötigstem Essen und Trinken, auch Kleidern und Leinen versorgen ...*[15]

Der 23-jährige Bärensprung übernahm bei seiner Eheschließung die Verantwortung für die Existenz einer vielköpfigen Familie, die dann auch durch zwei gemeinsame Kinder (geboren 1716 und 1719) noch vergrößert wurde. Würde die Auftrags- und Ertragslage der Schweriner Hofbuchdruckerei hinreichen, um auch in schwierigen Zeiten den Lebensunterhalt der Familie und die Abtragung der von seinem Vorgänger übernommenen Schulden erwirtschaften zu können?

Was Bärensprung im Auftrag Privater und der Stadt Schwerin druckte, können wir nur anhand der überlieferten Drucke erfahren, soweit diese in Archiven und Bibliotheken, insbesondere in der Landesbibliothek Mecklenburg-Vorpommern, gesammelt wurden. Obwohl die Bestände der wissenschaftlichen Bibliotheken vollständig erschlossen und in elektronischen Katalogen sowie in Datenbanken, wie im Verzeichnis der Drucke des 18. Jahrhunderts (VD 18), nachgewiesen sind, gibt es bislang nur vier Privatdrucke (drei Hochzeitsgedichte und eine Leichenpredigt) für die ersten vier Jahre Bärensprungs als Schweriner Drucker (Sammlung Personalschriften der LBMV). Bärensprung schrieb am 23. Februar 1718, dass er *in dieser nahrlosen Stadt Schwerin wenig oder gar kein Verdienst übrig* habe.[16]

Was Bärensprung in dieser Zeit im Auftrag der herzoglichen Regierung druckte, wissen wir in etwa durch die Eintragungen für Staatsausgaben im Renterei-Register. Diese Register gibt es im Schweriner Landeshauptarchiv zwar nicht lückenlos, aber zumindest für die Zeit von Johannis 1715 bis Johannis 1717.

---

[15] LHAS 2.12-1/26 Hofstaatssachen – Bestallungen – Hofbuchdrucker Bärensprung, Protokoll vom 10. Febr. 1716.

[16] LHAS, 2.12-4/3 Städtewesen/ Acta civ. spec. Schwerin, Nr. 338.

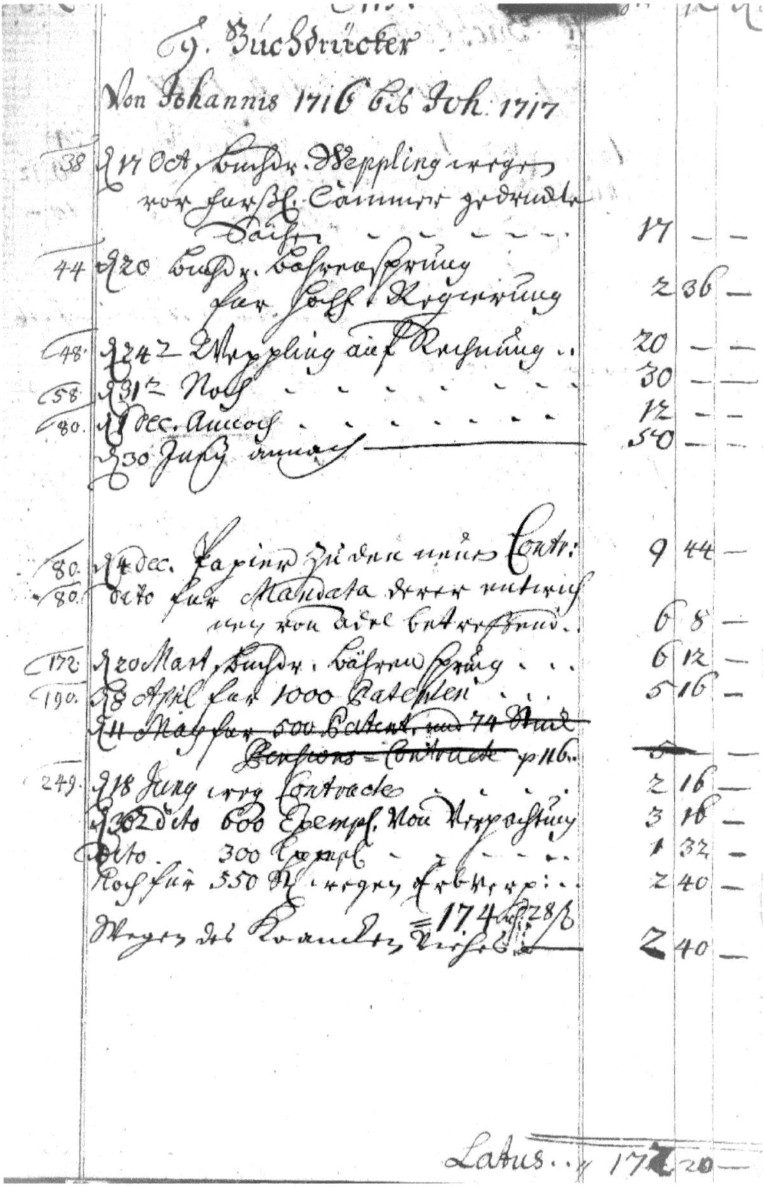
Buchdrucker
Von Johannis 1716 bis Joh. 1717
Latus .. 172 20

Abbildung 6
Auszug aus dem herzoglichen Renterei-Register 1716/17
LHAS 2.21-1 Geheimes Staatsministerium und Regierung Nr. 256/257

Anhand der Renterei-Register ist feststellbar, dass Bärensprung etwa jeden zweiten Monat ohne abrechenbaren Auftrag der herzoglichen Regierung blieb. Soweit er Druckaufträge hatte, waren diese oftmals von geringem Umfang. Die Befehle, Edikte, Patente und Verordnungen waren zumeist Einblattdrucke, wie z. B. Herzog Carl Leopolds Befehl vom 20. Januar 1716 betreffend die Schädigungen infolge Durchmarsches der dänischen Truppen. Dieses Blatt konnte durch das spezielle (L.S.) – das Loco Sigilli: den Platz für das Siegel – als Bärensprung-Druck identifiziert werden.[17]

Eine Reihe von amtlichen Einblattdrucken hat sich in den Sondersammlungen der LBMV (Ditmarsche Sammlung und Schmidtsche Bibliothek) überliefert. Die Anzahl der zu druckenden Exemplare richtete sich nach der jeweiligen

Abbildung 7
Einblattdruck: Befehl von Herzog Carl Leopold vom 20. Januar 1716
LBMV, Schmidtsche Bibliothek Bd. 107 Nr. 16

---

[17] Zur Identifizierung anonymer Drucke siehe SCHATTINGER, Bernd: Dem Geheimnis des Loco Sigilli auf der Spur. In: Gedächtnis des Landes. 225 Jahre Landesbibliothek Mecklenburg-Vorpommern. Schwerin 2004.

Zielgruppe. Häufig erhielten alle Pastoren ein Exemplar mit der Verpflichtung, die herzoglichen Festlegungen und Bemerkungen bei den Sonntagsgottesdiensten von der Kanzel zu verlesen und das Blatt nach Verlesung an die *Kirchen-Thür zu schlagen.*[18]

Die geringe Zahl der Druckaufträge und deren überwiegend ebenso geringer Satz- und Druckumfang sowie die längeren auftragslosen Zeiten ließen Bärensprung schon nach wenigen Monaten in finanzielle Nöte geraten, die ihn wiederholt zwangen, den Herzog um eine Zuwendung oder eine andere Gnade zu bitten.

Das Druckgeschäft hing in starkem Maße von der wirtschaftlichen Lage des Herzogtums ab; und die war prekär. Ursächlich für die missliche Situation in der 2. Dekade des 18. Jahrhunderts waren die Kriegsereignisse im Land, die sich teilweise in den Inhalten der Drucke widerspiegeln (z. B. Aufforderungen zu Kriegsschäden und -kostenaufstellungen). Vom Nordischen Krieg war Mecklenburg durch Truppendurchmärsche der Schweden, Polen, Russen, Dänen und Preußen betroffen. Schwerin und sein Umland hatten auch unter der Belagerung der Festung Wismar vom Juli 1715 bis April 1716 zu leiden. Das ohnehin wirtschaftlich schwache Land, insbesondere aber die Bauern und die städtische Bevölkerung gerieten durch Einquartierungen, durch Requirierung von Viktualien und Viehfutter, durch Plünderungen, Brandschatzungen und Gräueltaten gegen die Einwohner in große Not und allgemeine Armut.

Zu diesen äußeren Kriegsfolgen kamen bereits wenige Monate nach Succedierung von Herzog Carl Leopold die ersten Auswirkungen der Auseinandersetzungen des zur absoluten Herrschaft strebenden Fürsten mit den Ständen, insbesondere mit der Ritterschaft und der Stadt Rostock. Der Herzog war entschlossen, sein stehendes Heer zu vergrößern; ohne Rücksicht auf die mit den Ständen in der sogen. Alte(n) Union von 1523 vereinbarten Rechte von Städten und Ritterschaft, hatte Herzog Carl Leopold in absolutistischer Herrschaftsmanier neue Kontributionen, überwiegend zu Lasten der Ritterschaft, festgelegt.

Die Herrschaft von Herzog Carl Leopold dürfte bei Historikern ein offenes Buch sein, deshalb nur so viel, dass der Kaiser zum Schutz der Stadt Rostock und später auch zur Rehabilitierung der vom Herzog vertriebenen ritterschaftlichen Gutsbesitzer unter Einsatz von hannoverschen und braunschweigischen Truppen eingriff. Seit 1719, dem Jahr der Vermählung von Herzog Carl Leopold mit der Nichte des russischen Zaren Catharina Iwanowna, wurde das Land von

---

[18] Patent von Herzog Carl Leopold vom 28.07.1717, LBMV, Sammlung Schmidt Bd. 127, Nr. 276; es trägt den handschriftlichen Zusatz, dass es nach Verlesung an die *Kirchen-Thür zu schlagen"* ist.

Rostock aus durch eine von ausländischen Truppen geschützte kaiserliche Kommission verwaltet. Diese Interimsverwaltung wurde im Mai 1728 neu eingerichtet, wobei Herzog Christian Ludwig (1683–1756, folgt 1747) zum Administrator von Mecklenburg bestellt wurde. Zunächst hatte sich Herzog Carl Leopold jedoch nach Dömitz (1720) und nach Danzig (1725) zurückgezogen und bekämpfte als suspendierter Landesfürst fortan auch seinen Bruder. Insbesondere von Danzig aus war er umtriebig, um beim Kaiser die aus seiner Sicht unrechtmäßige Suspendierung zu beklagen und seine Wiedereinsetzung zu bewirken.

Obwohl das Land kaiserlich verwaltet wurde, stand Wilhelm Bärensprung eidlich gebunden in Diensten bei dem zumeist nicht in Schwerin residierenden Herzog Carl Leopold. Am 30. Dezember 1722 teilte er seinem in Danzig weilenden Herzog mit, seine Misere sei *nachgerade so übergroß*, dass er nicht mehr aus noch ein wisse und auch keine Mittel fände, *wodurch das liebe Brod vor mich und meiner grossen nothdürfftigen Familie* zu erlangen sei. Seine Druckerei stehe zwar laufbereit herum, um durch den einen oder anderen Auftrag etwas zum Lebensunterhalt zu bekommen. *Allein ich habe schon Jahr und Tag gezählet, dass nicht das allerwenigste zu tun bekommen mögen, außer dass etwa ein Carmen gedrucket.*[19]

Um diese Misere zu überstehen, schlug Bärensprung dem Herzog – einmal im Paket, einmal einzeln – folgende herzoglichen Förderungen vor:

1. Zuteilung einer hinlänglichen Anzahl von Druckaufträgen durch die herzogliche Regierung
2. Erlangung von Druckprivilegien (z. B. für Kalender- und Katechismus-Drucke)
3. Zahlung einer Gage, wie sie seine Vorgänger erhalten haben
4. Erhalt von Getreide,- Fleisch- und Brennholzdeputaten
5. Bezahlung seines Gesellen in auftragsarmer Zeit durch die Regierung
6. Erhalt von Vor- und Zuschüssen bei der kostenintensiven Beschaffung neuer Lettern
7. Ermöglichung eines Nebenverdienstes durch Übertragung eines kleinen Hofdienstes

Herzog Carl Leopold und später Herzog Christian Ludwig billigten ihrem Schweriner Hofbuchdrucker zur Linderung der größten Not Deputate an Getreide (Roggen) und Brennholz (in der Regel die Zuteilung von Stubben, die zu

---

[19] LHAS, 2.12-3/1 Kirchen und Schulen, Nr. 388.

roden waren) zu; allein die jährliche Realisierung der Vergünstigungen in Schwerin erwies sich nicht als selbstverständlich.

Im Januar 1723 verlieh der Herzog dem Schweriner Drucker das Privileg zum Druck des Mecklenburgischen Katechismus, eine gewinnverheißende Vergünstigung, an der die Bärensprungsche Hofbuchdruckerei rund 200 Jahre zäh festgehalten hat. Aber selbst dieser privilegierte Katechismus-Druck erwies sich anfangs als problematisch, weil Bärensprungs Druckerei infolge mangelnder Ausstattung mit geeigneten Lettern zunächst nicht in der Lage war, den Katechismus zu drucken. Bärensprung verlieh deshalb sein Privileg gegen Zahlung eines Geldbetrages, worauf die Schweriner Buchbinder Ebert und Krasemann (die zugleich als Buchhändler fungierten) jeweils 2.000 Exemplare bei auswärtigen Druckereien (Hamburg und Ratzeburg) unter dem Namen Bärensprung herstellen ließen und vertrieben. Der Katechismus aus dem Jahr 1726 ist wahrscheinlich ein Hamburger Druck; Wilhelm Bärensprung druckte nachweislich trotz Privilegierung und trotz anderslautender Titelblätter bis mindestens 1738 keinen Katechismus.[20]

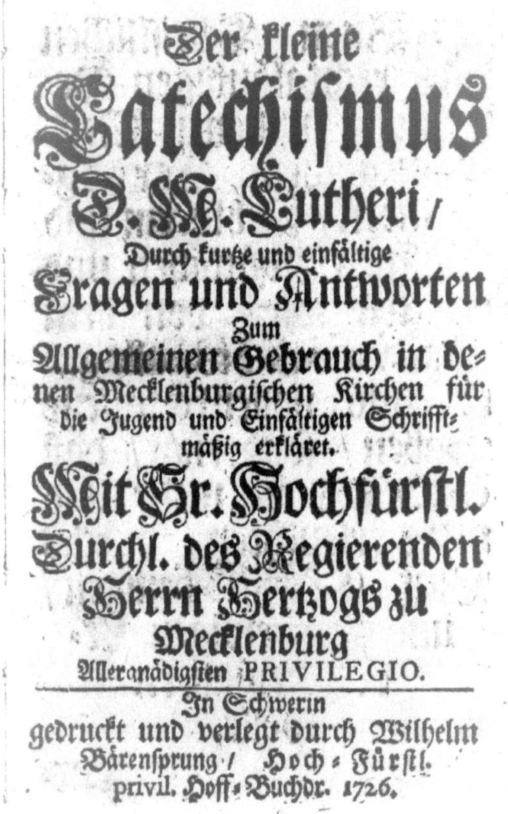
Der kleine Catechismus D. M. Lutheri / Durch kurtze und einfältige Fragen und Antworten Zum Allgemeinen Gebrauch in denen Mecklenburgischen Kirchen für die Jugend und Einfältigen Schrifft-mäßig erkläret. Mit Sr. Hochfürstl. Durchl. des Regierenden Herrn Hertzogs zu Mecklenburg Allergnädigsten PRIVILEGIO. In Schwerin gedruckt und verlegt durch Wilhelm Bärensprung / Hoch-Fürstl. privil. Hoff-Buchdr. 1726.

Abbildung 8
Der kleine Katechismus von 1726
LBMV, Mkl h 870

Bärensprung erhielt auch herzoglichen Schutz vor drängenden Gläubigern. Es gab seinerzeit das Rechtsinstitut des Indults. Das waren

[20] LHAS, 2.23-3 Justizkanzlei Güstrow, Nr. 21448.

hoheitliche Entscheidungen von Landesfürsten, wodurch für bestimmte Zeiten bzw. Fristen privatrechtliche und kommunale Forderungen nicht zwangsweise durchgesetzt werden konnten. Diesen Schutz konnten privilegierte Einzelpersonen oder Personengruppen auf Antrag erhalten; Bärensprung bekam diesen Schutz (die sogen. Nachsichts-Frist) in der Jahren 1718, 1720 und 1725. Aus den darüber überlieferten Akten ergeben sich Details zu den Vermögensverhältnissen des Schuldners. Für 1720 wies Bärensprung Schulden in Höhe von rund 300 Reichstalern aus, die er beim Papiermacher Kunstmann in Bützow, bei der Schweriner Domkirche, beim Schuster Klockau, bei Pastor Sukau, beim Bürgermeister Kuetemeyer und bei Hintzpeter hatte. Die Schulden betrafen überwiegend von seinem Vorgänger Lembke übernommene Verbindlichkeiten.

Es ist davon auszugehen, dass Wilhelm Bärensprung bei der klagenden Darstellung seiner Notlage nicht übertrieben hat. So starben im Mai 1723 die gemeinsame Tochter, im Dezember 1723 die Ehefrau und im Dezember 1724 der gemeinsame Sohn. Wenn als Todesursache *Auszehrung* angegeben wurde, so war dies eine verschleiernde Bezeichnung für Verhungern und Erfrieren.

Erst im November 1730 heiratete Wilhelm Bärensprung wieder und begründete damit eine neue Familie; im März 1737 wurde der Sohn und spätere Nachfolger als Hofbuchdrucker Christian Johann Wilhelm Bärensprung geboren.

Der Schritt zur erneuten Familiengründung steht in einem zeitlichen Zusammenhang mit der Rückkehr von Herzog Carl Leopold nach Schwerin im Sommer 1730. In die über 12 Jahre verwaiste Residenz kehrten mit dem Hof und einigen herzoglichen Behörden auch Handel und Wandel zurück. Das Gemeinwesen Schwerin, das damals wie heute hochgradig vom Sitz der Regierung, vom Dasein von Verwaltungen und Gerichten abhängig war, holte tief Luft und begann sich langsam neu zu beleben.

Die Auftragslage der Schweriner Druckerei verbesserte sich, ohne dadurch die Notlage der Bärensprungs vollständig zu beseitigen. Im Januar 1731 erinnerte Bärensprung den Herzog an dessen in Danzig gemachte Versprechen, *dass ich nicht allein mein mir vermachtes Deputat bei dero glücklichen Anherokunft in Mecklenburg haben sollte. Sondern Eure Hochfürstliche Durchlaucht wollten mich noch größere Gnade wiederfahren lassen. So werfe ich mich in tiefster Demuth zu Euer Hochfürstlichen Durchlaucht Füssen nieder, Sie geruhen allergnädigst, mir aus Hochfürstlicher Hulde und Gnade, mich mit dem Kalenderdruck gleich dem Hofbuchdrucker zu Rostock allergnädigst zu begnadigen, damit ich meinen neu angefangenen Hausstand bey dieser sehr schlechten*

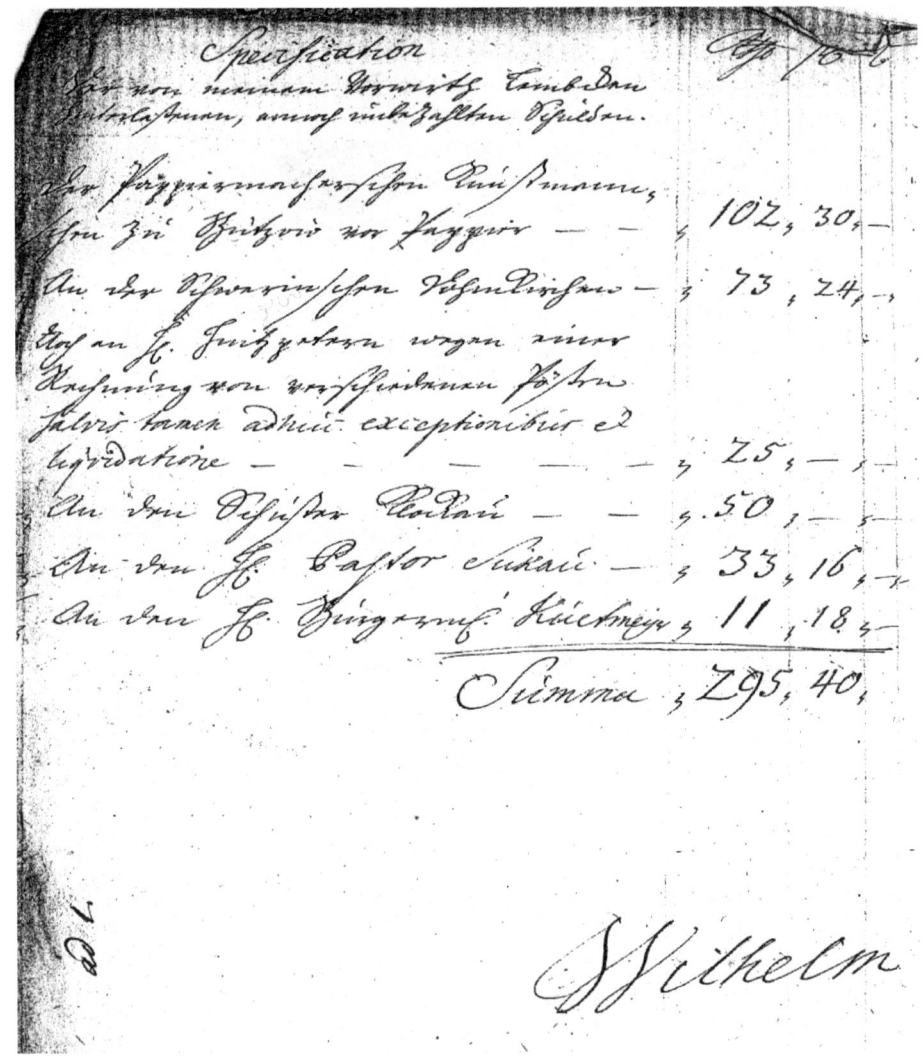

Abbildung 9,1
„Specification" über Bärensprungs Schulden und Werte vom Mai 1720
LHAS 2.12-4/3 Acta civ. spec. Schwerin, Nr.339

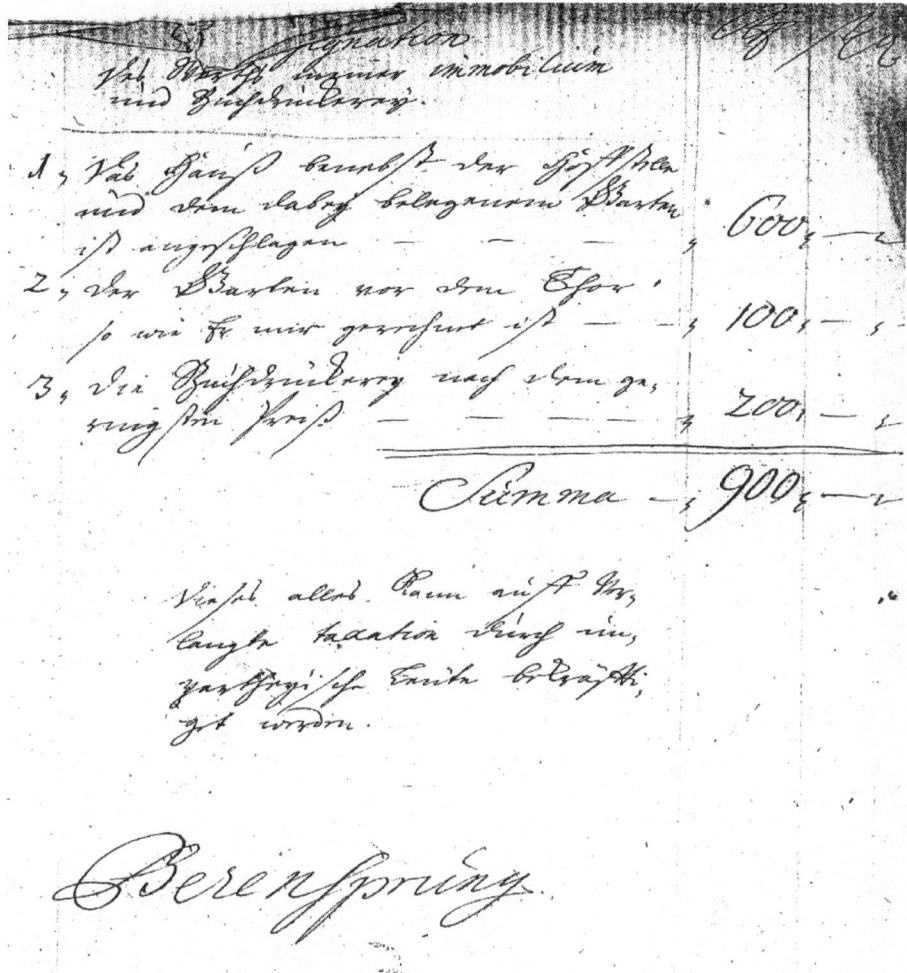

Abbildung 9,2
„Specification" über Bärensprungs Schulden und Werte vom Mai 1720
LHAS 2.12-4/3 Acta civ. spec. Schwerin, Nr.339

und nahrlosen Zeit unterhalten könne und etwas zu verdienen habe.[21]

Die mit der Rückkehr von Herzog Carl Leopold verknüpften allgemeinen Hoffnungen auf Frieden und Ordnung im Herzogtum erfüllten sich nicht. Fochten der Herzog Carl Leopold und der kaiserliche Kommissar Christian Ludwig zunächst noch mit gegenläufigen Reskripten, Befehlen, Patenten, Manifesten und sogar Predigten gegeneinander, so kam es schließlich vielerorts zu Handgreiflichkeiten und kleineren militärischen Geplänkeln zwischen herzoglichen und kaiserlichen Truppen. 1732 erließ Carl Leopold ein allgemeines Landesaufgebot; er rief damit seine Untertanen zu den Waffen. Im Sommer 1733 zogen mecklenburgische Kompanien aus Dömitz und rund 500 mit Sensen, Mistgabeln und Äxten bewaffnete Bauern nach Neustadt zum Sitz des kaiserlichen Kommissars. Sie wurden am 17. September 1733 von den Kaiserlichen arg gebeutelt und in alle Winde verstreut. Fortan zogen die Kaiserlichen einen immer engeren Ring um die Festung Schwerin, die sich schließlich nach einer kaiserlichen Kanonade am 9. Februar 1735 ergab.

Herzog Carl Leopold flüchtete über den Schweriner See ins schwedische Wismar, wo er sich mit einem Teil seines Hofstaates in Häusern am Markt und in der Mecklenburger Straße einmietete (Der Fürstenhof war durch das Schwedische Tribunal belegt). Von Wismar aus organisierte Carl Leopold seinen Hofstaat neu. Auch sein Schweriner Hofbuchdrucker musste in Wismar antreten und am 12. April 1735 einen neuen Eid leisten, in welchem er sich auch verpflichtete, seine *Frau, Kinder und Sachen zu mir nach Wismar herüber kommen (zu) lassen,*[22] seine Familie und seine Druckerei verblieben jedoch in Schwerin. Nach eigener Darstellung und Rechnung druckte Wilhelm Bärensprung in Wismar auf einer in Lübeck beschafften Druckerpresse im Juli 1735 ein Schriftstück in 1.000er Auflage sowie ein acht Bogen starkes Werk (beide Drucke bislang nicht ermittelbar).[23]

Als Herzog Christian Ludwig als kaiserlicher Kommissar den herzoglichen Hofbuchdrucker im September 1735 unter Androhung des Verlustes seiner Schweriner Druckerei und seines Druckerprivilegs aufforderte, umgehend nach Schwerin zu kommen und dort seinen Dienst zu tun [24], kam Bärensprung endgültig zwischen die Fronten. Schon am 6. September nutzte er die Wismarer

---

[21] LHAS, 2.12-4/3 Städtewesen/ Acta civ. spec. Schwerin, Nr. 340.

[22] LHAS, 2.26-2 Hofmarschallamt Schwerin, Nr. 473.

[23] Ebenda, Nr. 473.

[24] LHAS, 5.12-3/1 Ministerium des Innern. Nr. 21173, Bl. 11/12.

Turbulenzen um den Hofmarschall Balthasar Henning von Wendessen und floh nach Schwerin.[25]

Bärensprungs mutiger Schritt war aus der Sicht von Herzog Carl Leopold ein Desertieren, worauf die Todesstrafe stand. Noch drei Jahre nach dieser Flucht wütete der Herzog und entzog Bärensprung aus der Ferne die Buchdruckerprivilegien (so auch das 1723 erteilte Priveleg zum Katechismusdruck und -vertrieb) wegen *seines eidbrüchigen und pflichtlosen Betragens, auch andern uns bewegenden Ursachen halber.*[26] Fortan lebte Bärensprungs Familie in der unterschwelligen Furcht, der Herzog Carl Leopold könne vom Kaiser wieder in seine vollen Rechte eingesetzt werden und in Schwerin alte Rechnungen begleichen. Dieser psychische Druck wurde ihnen erst nach 12 Jahren mit dem Tod Carl Leopolds im Jahr 1747 genommen.

Herzog Christian Ludwig setzte als kaiserlicher Verwalter des Herzogtums Mecklenburg-Schwerin darauf, die Verhältnisse im Land zu stabilisieren und einen Frieden mit und zwischen den Ständen zu schließen, was ihm schließlich mit dem Landes-Grund-Gesetzlichen Erb-Vergleich vom 18. April 1755 auch gelang. Die Vielzahl und Verschiedenartigkeit der von Staats wegen zu druckenden Sachen und auch deren Umfang (sowohl betreffend die Exemplare als auch die Blattzahl) nahmen im Jahr 1755 und nachfolgend noch einmal zu: Landtags-Ausschreiben, Edikte, Verordnungen, Befehle, Patente, Instruktionen, Ordnungen, Resolutionen, Eidvordrucke, Pass- und Passierschein-Formulare, Predigten, Bußtexte, Trauer- und Hochzeitsregelements, Steckbriefe, Danksagungen. Hinzu kamen zahlreiche staatsrechtliche Gutachten, Sammlungen von Vorschriften usw. Mit der Regierung des Herzogs Friedrich (1717 – 1785, folgt 1756), der mit Stadt und Universität Rostock einige Händel hatte, wurden auch keine nennenswerten Druckaufträge nach Rostock vergeben. Die Bärensprungsche Druckerei in Schwerin erlangte in der zweiten Hälfte des 18. Jahrhunderts eine weitgehende Alleinstellung bei amtlichen Drucksachen der herzoglichen Regierung. Auch die Drucke für die Stadt Schwerin und für Private entwickelten sich; auch Periodica, wie Kalender, Katechismen, Zeitungen

---

[25] Zu den Wendessenschen Turbulenzen GLÖCKNER, Hans Peter: Die Denunziation: Karl Leopold und der Fall Wendessen, Prügel von des Herzogs Hand und Ehrenrettung durch den Kaiser. In: Mecklenburg-Magazin (2004), S. 23, 29, 42, 44, 45.

Zur Wismarschen und späteren Dömitzer Druckerei des Herzogs Carl Leopold und seinen dortigen Hofbuchdruckern Bärensprung bzw. Briese siehe SCHATTINGER, Bernd: Quellenrecherchen zu Herzog Carl Leopolds Hofbuchdruckerei in Dömitz. In: Mecklenburgische Jahrbücher 130 (2015), S. 151-161.

[26] LHAS, 2.12-3/1 Kirchen und Schulen, Nr. 388.

Abbildung 10
Druckerpresse des Bruders Erhardt Buttmann, vor 1559
Deutsches Handwerk im Mittelalter. Bilder aus dem Hausbuch der Mendelschen
Zwölfbrüderstiftung in Nürnberg. Leipzig 1935.

Abbildung 11
Der Buchdrucker, 1762
Albert Schramm: Schreib- und Buchwesen einst und jetzt. Leipzig 1922
Tafel 70, Abb. 135

(die seit 1749 erscheinenden Mecklenburgischen Nachrichten, Fragen und Anzeigen) sowie Schulschriften des Schweriner Gymnasiums. Hinzu kamen ab 1739 Sammlungen Mecklenburgischer Landes-Gesetze, ab 1740 Theaterzettel (eine gedruckte Information, angesiedelt zwischen Theaterplakat und Programm), ab 1763 Schweriner Einwohnerverzeichnisse und anderes mehr.

Dies hatte Auswirkungen auf Größe und Ausstattung der Druckerei. Die Offizin, die Wilhelm Bärensprung von seinen Vorgängern Peter Schröder, Hartwig Lübke und Johann Lembke übernommen hatte, war eine Ein- bis Zwei-Personen-Druckerei, die sich von den ersten Druckwerkstätten aus der Inkunabelzeit kaum unterschieden haben dürfte (siehe Abbildungen 10 und 11).

Für den Druck der mit dem Erbvergleich zusammenhängenden Sachen hatte Bärensprung 1755 bereits vier Gesellen, wofür er im Mai 1755 vom Herzog den beantragten Vorschuss von 100 Reichstalern erhielt.[27] Nur wenige Monate später beschäftigte die Schweriner Hofbuchdruckerei schon sechs bis acht Gesellen, insbesondere, um die von Gottfried Rudolf von Ditmar verfassten diplomatischen und staatsrechtlichen Abhandlungen zu Grundlagen und Grundrechten des Mecklenburg-Schwerinschen Herzogshauses zu drucken.

---

[27] LHAS 5.12-3/1 Ministerium des Innern 21173, Bl. 19.

Mit der schon am 6. Dezember 1755 herzoglich genehmigten Adjunktion seines Sohnes Christian Johann Wilhelm Bärensprungs als seinen Nachfolger und dessen herzoglicher Privilegierung als Hofbuchdrucker [28] zog sich Wilhelm Bärensprung aus dem Druckgeschäft zurück. Er starb am 3. August 1761 und wurde im Kreuzgang des Schweriner Domes beigesetzt, etwa dort, wo sich später der Lesesaal der Mecklenburgischen Landesbibliothek befand. Einen Nachruf und eine Leichenpredigt gibt es nicht.

Wilhelm Bärensprung hat unter vier Mecklenburg-Schwerinschen Herzögen gedient, zunächst zweieinhalb Jahre als Soldat und danach fast 45 Jahre als Hofbuchdrucker. Insbesondere seine Dienstjahre unter Herzog Carl Leopold machen deutlich, wie unmittelbar und hart ein Hofbuchdrucker von der (despotischen) Herrschaft seines Fürsten und deren Auswirkungen betroffen sein konnte.

---

[28] LHAS 5.12-3/1 Ministerium des Innern 21173, Bl. 23.

Offiziersbibliotheken Mecklenburg-Schweriner Truppenteile im 19. Jahrhundert

VON KLAUS-ULRICH KEUBKE

Ausgehend von nachfolgendem Zitat sei das Thema etwas weiter gefasst und die schriftstellerische Tätigkeit mecklenburgischer Offiziere erwähnt. Am 9. Dezember 1857 teilte der Kommandeur der Mecklenburg-Schweriner Division, Generalmajor Clamor August Ferdinand von Witzleben (1800–1859), in einem Zirkular an die ihm unterstellten Kommandos mit:

Ich habe den Premier-Lieutenant von Nettelbladt des Divisions-Stabes beauftragt, unter meiner Leitung eine Geschichte des mecklenburgischen Militairs auszuarbeiten und zwar in dem Umfange, daß damit sowohl eine Darstellung der geschichtlichen Entwicklung des mecklenburgischen Heerwesens, als auch eine Schilderung derjenigen Kriegshandlungen einbegriffen ist, an denen das mecklenburgische Volk oder mecklenburgisches Militair zu irgend einer Zeit theilgenommen hat.[1] Das Ziel des Generals war: *Die Wichtigkeit des Unternehmens beruht vornehmlich darin, daß die Kenntniß früherer vaterländischer Zustände, soweit sie den Militair interessiren, dadurch erweitert und ein Werk geschaffen wird, welches dem Officier sowohl zur Selbstbelehrung, als auch zum Unterricht des Unterofficiers und Soldaten dienen soll; ferner auch darin, daß alles zerstreute und lückenhafte Material gesammelt, vervollständigt und zu einem Ganzen vereinigt wird und so ein Werk entsteht, welches die Grundlage sein wird, auf welcher für die Zukunft alle späteren militairgeschichtlichen Darstellungen weiter geführt werden können.*[2] Ihm war klar: *Ein solches Werk entspricht aber nur dann vollkommen seinem Zwecke, wenn es mit äußerster Gründlichkeit und mit Benutzung aller nur auffindbaren Quellen behandelt wird.*[3] Um das Vorhaben zu verwirklichen, forderte er *die Großherzoglichen Commandos hierdurch ergebenst auf, zu diesem Werke nach Kräften in der Art mitzuwirken, daß Wohldieselben zur Vervollständigung des zu verarbeitenden Materials Alles beisteuern, was etwa an dahingehörigen begründeten Nachrichten, Ueberlieferungen, Tagebüchern pp in Ihrem eigenen Besitze befindlich ist,*

---

[1] LHAS, 2.12-2/18 Militärwesen, Nr. 2.

[2] Ebenda.

[3] Ebenda.

oder daß Sie mich benachrichtigen, wenn etwas derartiges sich im Besitze von Privatpersonen befindet.[4]

Abbildung 1
Generalmajor von Witzleben
Privatarchiv Keubke

Generalmajor von Witzleben vermochte sein Vorhaben nicht zu verwirklichen. Ein knappes Jahr darauf wurde er – noch zum Generalleutnant befördert – in die preußische Armee zurückversetzt. Am 4. Oktober 1859 starb er als Kommandeur der 12. Division in Goslar. Mit seiner Person und diesem langen Zitat sind für mich alle Aspekte verbunden, die ich nun nachfolgend darlegen möchte.

Als am 1. Januar 1849 der langjährige Brigadekommandeur, Generalmajor von Elderhorst, in den Ruhestand trat, war seine Nachfolge zu regeln. Rechtzeitig hatte sich Großherzog Friedrich Franz II. nach einem geeigneten Nachfolger umgesehen. Die immer enger werdende Annäherung Mecklenburg-Schwerins an Preußen brachte es schließlich folgerichtig mit sich, dass erstmals diese wichtige Kommandostelle einem Nicht-Mecklenburger übertragen wurde. Auf Empfehlung des Prinzen Wilhelm von Preußen (1797–1888), des nachmaligen Königs und Kaiser Wilhelms I., ernannte Friedrich Franz II. am 24. Dezember 1848 den bisherigen preußischen Oberstleutnant Clamor August Ferdinand von Witzleben (Ende 1848 noch Chef des Stabes des III. Armeekorps im benachbarten Brandenburg) mit Wirkung vom 1. Januar 1849 zum Oberst und Kommandeur der Brigade, später als Division bezeichnet.[5] Übrigens lief es in Mecklenburg-Strelitz ähnlich. Am 20. Mai 1849 wurde der preußische Major Albrecht Wilhelm von Sydow mit der Führung des Infanterie-Bataillons beauftragt und blieb dessen Kommandeur bis Ende des Monats September 1852.[6]

---

[4] Ebenda.

[5] Siehe PRIESDORFF, Kurt von (Hrsg.): Soldatisches Führertum. Bd. 6, Teil 9: Die preußischen Generale vom Regierungsantritt König Friedrich Wilhelms IV. bis zum Jahre 1858, Hamburg 1936, S. 390 f. – KEUBKE,Klaus-Ulrich / MUMM,Ralf: Soldaten aus Mecklenburg. Lebensbilder von 1701-1871. Schwerin 2004, S. 83 f.

[6] Siehe PRIESDORFF (wie Anm. 5), S. 393. – KEUBKE, Klaus-Ulrich: Preußische Stabsoffiziere als Kommandeure des Mecklenburg-Strelitzer Infanterie-Bataillons von 1849 bis 1866. In: Zeitschrift für Heereskunde Nr. 459 (Januar/März 2016), S. 24–32.

Abbildung 2
Die Militärbildungsanstalt in Schwerin.
Zeitgenössische Abbildung
Privatarchiv Keubke

In der Mitte des 19. Jahrhunderts fand sich eine Truppenbibliothek zunächst nur in der am 1. Juli 1842 in der heutigen Bergstraße in Schwerin eröffneten Militärbildungsanstalt[7] für 18 Kadetten zwischen 15 und 17 Jahren mit einer dreijährigen Ausbildung. Ende Juni 1850 wurde sie in eine Divisionsschule nach preußischem Vorbild umgewandelt. Im Jahre 1856 wurde die Militär-Bildungsanstalt wieder errichtet und diese am 20. April 1860 mit der Divisionsschule vereinigt. Ab 1868 erfolgte die Offiziersausbildung dann nur noch in Preußen. Diese Anstalt hatte stets eine Bibliothek. Wird nun vom Inhalt des Unterrichts ausgegangen, lässt sich erahnen, um welchen Buchbestand es sich handeln kann. Der Unterricht der Kadetten erstreckte sich auf die Fächer Deutsch, Militär-Geschäftsstil, alte, mittlere und neue Geschichte, Geographie, Militär-Geographie, Mathematik, Militärische Dienstvorschriften, Waffenlehre, Elementar- und angewandte Taktik, Feldbefestigungskunst, Topographisches und Fortifikatorisches Zeichnen und Französisch sowie praktische Übungen verschiedenster Art. Inwieweit die einzelnen Truppenteile schon mehr oder minder große Bibliotheken besaßen, ist derzeit nicht bekannt.

In Mecklenburg-Schwerin hatte Oberst von Witzleben, gerade Brigadekommandeur geworden, aus der preußischen Armee die Institution der Offizier-Speise-Anstalten, landläufig Offizierkasinos oder -messen genannt und vor allem für die unverheirateten Offiziere geschaffen, mitgebracht. Darin eingeschlossen waren auch die Truppenbibliotheken. In Schwerin, der größten Garnisonstadt, lagen damals das Grenadier-Garde-Bataillon, das Leichte Infanterie-Bataillon, die Artillerie- und die Pionier-Abteilung. Ihren Offizieren genehmigte Großherzog Friedrich Franz II. auf Antrag des Obersten von Witzleben am 21. Mai 1849 eines der drei F. F.-Häuser in der Schlossstrasse als Offizier-Speise-

---

[7] Siehe VON HASLINGEN: Die ehemalige Großherzoglich Mecklenburgisch-Schwerin'sche Militär-Bildungsanstalt. In: Jahrbücher des Vereins für mecklenburgische Geschichte und Altertumskunde 76 (1911), S. 309-334.

Abbildung 3
Die F. F.-Häuser
Die Messe der Offiziere des I. und III.
Bataillons Großherzoglich Mecklenburgi-
schen Grenadier-Regiments Nr. 89.
Schwerin 1908. Privatarchiv Keubke

Anstalt. Es war das mittlere Gebäude, in dem früher das Hofmarschallamt untergebracht war. Die
Bibliothek war in einem Raum
dieser gemeinsamen Offizier-
Speise-Anstalt untergebracht.
Hier trafen sich ab Anfang 1850
die Offiziere der genannten Truppenteile, bis zu deren Trennung
und Erweiterung 1867/68.

Um welche Buchbestände es
sich handelte, lässt sich klar be-
stimmen. So erschien im Jahre
1854 in der Hofbuchdruckerei von
A. W. Sandmeyer in Schwerin das
gedruckte *Bücher=Verzeichniß
der vereinigten Officier=Biblio-
thek der Garnison Schwerin.* Es
befindet sich jetzt in der Bibliothek des Zentrums für Militärgeschichte und Sozialwissenschaften in Potsdam. Gedruckt aufgeführt sind *die neuen Anschaffun-
gen bis ultimo December 1854* einschließlich handschriftlicher Ergänzungen für
offenbar einige Jahre. Das genannte Verzeichnis hatte 68 Seiten im Format von
etwa 11 x 18 cm. Die Bücher waren nach Sachgebieten geordnet. Danach gab es
die Bereiche *Kriegskunst und Kriegswesen überhaupt, Heerwesen und Mili-
tair=Literatur* auf sieben Seiten, *Marine* auf nur einer Seite, *Artillerie, Waffenlehre* auf fünf Seiten, *Ingenieur=Wissenschaften* auf vier Seiten, *Strategie, Taktik, Gefechtslehre, Felddienst, kleiner Krieg und Manöver* auf sieben Seiten,
*Terrainlehre, Militair=Geographie, Militair-Statistik, Eisenbahnen, militai-
risch=politische Schriften, Generalstabsdienst* auf drei Seiten, *Militairisches
Zeichnen, Aufnahmen und Karten* auf einer Seite, *Militair=Geschäftsstyl. Adju-
tantur* auf einer Seite, *Mathematik und Naturwissenschaften* auf vier Seiten, *Lei-
besübungen* wieder nur auf einer Seite, *Pferdekenntniß und Pferderüstung* auf
zwei Seiten, *Kriegsgeschichte und allgemeine Geschichte* aber mit gar 18 Seiten,
Lebensbeschreibungen, Denkschriften auf fünf Seiten und die *Militairische Bel-
letristik, Soldatenlieder etc.* auf zwei Seiten sowie *Bücher vermischten Inhalts*
auf noch einmal neun Seiten. Unter den knapp 800 Titeln (oftmals mehrbändig),
die die Offiziere überwiegend auf eigene Kosten anschafften, zählten solche
Werke wie das achtbändige *Militair=Conversations=Lexikon*, das sechsbändige
Handbuch für Officiere des bedeutenden Militärreformers Gerhard von Scharn-
horst, sodann interessanterweise die Schrift *Der Straßenkampf mit Barrikaden*,

Berlin 1849, aber auch die 20 Bände von Johann Samuel Traugott Gehler *Physikalisches Wörterbuch mit Kupfertafeln* (1825-1840), natürlich auch die drei Bände *Vom Kriege* von Carl von Clausewitz, diverse *Soldatenkalender*, *F. v. Schillers sämmtliche Werke*, von Johann Friedrich Wilhelm Koch *Die Schachspielkunst*, aber auch die *Mémoires de Madame de Pompadour*.

Nach dem Krieg von 1866 zwischen Preußen und Österreich und ihren jeweiligen Verbündeten um die Vorherrschaft in Deutschland änderte sich 1867/68 einiges im Mecklenburg-Schweriner Militär. Am 17. April 1867 wurde die Verfassung des Norddeutschen Bundes verkündet und erlangte am 1. Juli in Mecklenburg-Schwerin Gesetzeskraft. In deren Folge vollzogen sich in beiden Mecklenburg entscheidende militärische Veränderungen. So wurde König Wilhelm I. von Preußen Bundespräsident und erhielt im Kriegsfall als Bundesfeldherr auch den Oberbefehl über die nun einheitlich nach preußischem Muster zu organisierenden und auszubildenden Streitkräfte. Noch andere Änderungen bestimmten das innere Gefüge des Mecklenburger Militärs, das nunmehr neu organisiert in die preußische Armee eingegliedert wurde. Ab dem 1. Oktober 1867 gab es nunmehr in der preußischen Armee – versehen mit dem Zusatz *Großherzoglich Mecklenburgisch* das Grenadier-Regiment Nr. 89 in Schwerin (I. und III. Bataillon) und Neustrelitz (II. Bataillon), das Füsilier-Regiment Nr. 90 in Rostock (I. und III. Bataillon) und Wismar (II. Bataillon), das Jäger-Bataillon Nr. 14 in Schwerin und die Dragoner-Regimenter Nr. 17 und 18 in Ludwigslust und Parchim sowie die III. (Mecklenburgische) Fußabteilung des Schleswig-Holsteinischen Feldartillerie-Regiments Nr. 9 (drei Batterien in Schwerin, eine in Neustrelitz). Alle diese Truppenteile hatten Regimentsbibliotheken. Über ihre Größe lassen sich leider keine Aussagen treffen. Auch die einzelnen Einheiten – Kompanien, Eskadronen und Batterien – mögen kleine Büchereien besessen haben.

Schließlich gab es letztlich für die 17. Division, zu der die mecklenburgischen Truppenteile gehörten und deren Sitz des Stabes ab 1. Januar 1872 von Kiel nach Schwerin verlegt worden war, die tatsächliche große Bibliothek des Verbandes. Deren Bestand war so umfangreich, dass 1901 ein 159 Seiten starker Katalog in Schwerin bei *Herberger. Hofbuchdrucker. Verlagshandlung* gedruckt wurde. In den Jahren 1910, 1912 und 1914 kamen drei ebenfalls gedruckte Nachträge mit 36 und zweimal 14 Seiten hinzu. Katalog und Nachträge befinden sich in der Landesbibliothek Mecklenburg-Vorpommern in Schwerin.

Der inhaltliche Aufbau des Katalogs ähnelte dem *Bücher-Verzeichniß* von 1854. Teil A verzeichnet die *Militair-Literatur. Kriegswissenschaften* in den großen Abschnitten *1. Allgemeines*, *2. Organisation des Heerwesens* allgemein,

Abbildung 4
Sitz des Stabes der 17. Division
(zuletzt der 12. Infanterie-Division der
Wehrmacht)
in der Schweriner Alexandrinenstraße 15
Aufnahme des Autors aus dem Jahre 2012

Abbildung 5
Der Katalog der Bibliothek der 17.
Division 1901
Landesbibliothek
Mecklenburg-Vorpommern

von Preußen-Deutschland, Österreich-Ungarn, Frankreich, Spanien, Portugal, Schweiz, Italien, Balkanstaaten, England, Belgien, Holland, Dänemark, Schweden, Norwegen, Russland und außereuropäischen Staaten, *3. Militair-Oekonomiewesen, 4. Militair-Gesundheitswesen, 5. Truppen-Ausbildung im Exerzieren, Turnen, Schießen, theoretischen Unterricht und Felddienst* bei der Infanterie, Kavallerie, Artillerie und Train sowie Reiten und Pferdekenntnis, Kriegsspiel und *Studien über Felddienst und Feuergefecht, 6. Militair-Erziehungs- und Bildungswesen, 7. Reglements, Dienstvorschriften, Gesetze*, unterteilt *Im deutschen Reiche* und *In nicht deutschen Staaten* allgemein, bei der Infanterie, Kavallerie, Artillerie und Train, *8. Geist des Heerwesens, Disziplin, Militair-Justiz, 9. Waffenlehre, 10. Befestigungskunst, 11. Geländelehre, 12. Militair-Geographie, 13. Verkehrsmittel, 14. Taktik* der Infanterie, Kavallerie und Artillerie sowie *Kleiner*

Krieg und Gebirgskrieg, 15. Strategie, 16. Friedens-Uebungen und Manöver, 17. Marine, Seekrieg, 18. Militairische Gegenstände verschiedenen Inhalts wie Zukunftskriege.

Dann folgte – ohne genau bezeichnet zu sein – der Bereich Kriegsgeschichte mit den Abschnitten *1. Sammelwerke – Literatur, 2. Geschichte des Kriegswesens und der einzelnen Waffengattungen, 3. Kriegsgeschichte des Alterthums, 4. Kriegsgeschichte des Mittelalters, 5. Kriegsgeschichte der neueren Zeit bis zu Friedrich dem Großen,* unterteilt in Kriege der Reformationszeit, Dreißigjähriger Krieg, Englische Revolutionskriege, Seekriege der Niederlande, Feldzüge des großen Kurfürsten, Kriege Ludwigs XIV., Spanischer Erbfolgekrieg, Kriege des Prinzen Eugen von Savoyen, Nordische Kriege 1674-1721, Türkenkriege 1683-1739, *6. Kriegsgeschichte von 1740–1789, Feldzüge Friedrichs des Großen* (dazu kamen auch der Russisch-Türkische Krieg 1768-1774, der Nordamerikanische Unabhängigkeitskrieg 1775-1783 und die Kriege der vereinigten Niederlande), *7. Kriegsgeschichte von 1789–1815* mit den Kriegen der französischen Republik 1782-1795, der Polnische Insurrektion 1792-1794, den Feldzügen in Deutschland-Italien 1796–1797, der Expedition nach Ägypten und Syrien 1798-1801, dem Krieg Frankreichs gegen Österreich, Russland, England und Italien 1799-1801, dem Krieg Englands in Indien 1803-1806, dem Krieg Frankreichs gegen Österreich, Russland und England 1805, dem Krieg Frankreichs gegen Preußen und Russland 1806/07, dem Krieg auf der pyrenäischen Halbinsel 1807-1814, dem Befreiungskampf des spanischen Amerika 1810-1824, dem Krieg Frankreichs und des Rheinbundes gegen Österreich 1809, den Vorboten des norddeutschen Volkskrieges, dem Feldzug in Russland 1812 und dem Krieg der Verbündeten gegen Frankreich 1813-1815, *8. Kriegsgeschichte von 1815 – 1861* unter anderem mit den Aufständen in Norddeutschland und Österreich 1848/49, dem deutsch-dänischen Krieg 1848-1850 und dem Aufstand in Baden und in der Pfalz 1849, *9. Kriegsgeschichte von 1861 bis jetzt* im Besonderen mit dem deutsch-dänischen Krieg 1864, dem deutsch-österreichischen Krieg 1866 und dem deutsch-französischen Krieg 1870/71 sowie dem Krieg in China 1900 und *10. Truppengeschichten* sowie *11. Biographien namhafter Heerführer und Soldaten.*

In einem weiteren gesonderten Teil B werden *Historische Wissenschaften* aufgeführt und dazu Handbücher, Kulturwissenschaft, Nationalökonomie, Kolonialangelegenheiten und Genealogie und Heraldik aufgeführt. Es folgen 2. Zeitschriften, 3. Allgemeine Geschichtswerke, Universalgeschichte, 4. Geschichte des Altertums, 5. Geschichte des Mittelalters, 6. Geschichte des 16., 17. und 18. Jahrhunderts, 7. Geschichte des 19. Jahrhunderts, 8. Spezialgeschichte von Preußen, 9. Spezialgeschichte von Deutschland und der deutschen, nicht preußischen Staaten sowie Spezialgeschichte von Österreich, Frankreich, Russland, England, Belgien, Holland, Dänemark, Schweden, Norwegen, Spanien, Portugal, Italien, Schweiz, Balkanstaaten, Amerika und anderer Staaten. Hinzu kamen 21. Biographien und Memoiren namhafter Persönlichkeiten und 22. Gegenstände verschiedenen Inhalts. Der dann folgende Teil *Geographie* war unterteilt in 1. Allgemeine Werke, 2. Europa, 3. Asien, 4. Afrika, 5. Amerika und 6. Australien. Im Teil *Naturwissenschaften* fanden sich 1. Lehrbücher und 2. verschiedene Gegenstände aus dem Gebiete der Naturkräfte.

Im abschließenden Teil C wurden Karten aufgeführt, so 1. Allgemeine Atlanten, 2. Europa, 3. Asien, 4. Afrika, 5. Amerika und 6. Australien sowie 7. Militärkarten, 8. Schlachtpläne und 9. Städtepläne.

Den Signaturen nach umfasste diese Bibliothek der 17. Division im Jahre 1901 mehr als 8 000 Positionen im Teil A, mehr als 3 000 im Teil B und mehr als 250 im Teil C.

Die Geschichte dieser Militärbibliothek endete bald nach dem Ersten Weltkrieg. Sie ging in den Bestand der Regierungs- bzw. der Landesbibliothek (1924) ein. Als auf Grund des Befehls Nr. 4 des Alliierten Kontrollrates vom 13. Mai 1945 nicht nur die nationalsozialistische Literatur, sondern auch große Teile militärischer bzw. militärgeschichtlicher Bestände herausgenommen wurden, war die ehemalige Bibliothek der 17. Division, also vorrangig die des mecklenburgischen Truppenkontingents, faktisch aufgelöst. Schließlich gelangten große Teile dieses Bestands in das Militärgeschichtliche Institut der DDR in Potsdam. Nach 1990 hätten sie in die Landesbibliothek zurückgeführt werden können. Ähnliche Aktionen wurden vom Freistaat Sachsen rasch und entschlossen durchgeführt, von Mecklenburg-Vorpommern verschlafen. Als es dann versucht wurde, waren für das angerufene Gericht die Fristen abgelaufen. Es mag ein schwacher Trost sein, dass sich diese bedeutsamen militärhistorischen Werke heute zwar außerhalb des Landes Mecklenburg-Vorpommern, aber wenigstens im Zentrum für Militärgeschichte und Sozialwissenschaften der Bundeswehr in Potsdam bzw. in der Zentralen Militärbibliothek der Bundeswehr in Strausberg befinden.

Wie es hätte sein können, zeigt das Beispiel der Oldenburgischen Militärbibliothek. Sie war um 1921 an die Landesbibliothek Oldenburg übergeben und in den normalen Bibliotheksbestand eingegliedert worden. Sie ist so erhalten geblieben und gilt heute mit über 11 000 Bänden sowie 300 Kartenwerken als eine der größten derartigen Einrichtungen für den Zeitraum von etwa 1765 bis 1914.

Noch ein anderer Gesichtspunkt sei betrachtet und dafür wieder auf die eingangs zitierte Zielstellung des Generalmajors von Witzleben verwiesen, *eine Geschichte des mecklenburgischen Militärs auszuarbeiten*. Dazu unternahmen

Offiziere des Mecklenburg-Schweriner Militärs mehr oder minder gelungene Versuche. Am deutlichsten zeigt sich dieses Bestreben bei der vor allem ab dem letzten Drittel des 19. Jahrhunderts im ganzen Deutschen Reich einsetzenden Erarbeitung von Truppengeschichten. Vielfach wurden aus diesen meist sehr umfangreichen und informativen sowie repräsentativ ausgestatteten Bänden kleinere Geschichten für Unteroffiziere und Mannschaften *herausgelöst*. Die Verfasser der Truppengeschichte waren in der Regel in ihnen dienende Offiziere, oftmals Bataillons- und Regimentsadjutanten. Ein Grund, weshalb trotzdem keine umfassende mecklenburgische Militärgeschichte erarbeitet wurde, mag darin gelegen haben, dass die Offiziere ständig versetzt wurden.

Von diesen Truppengeschichten ist für Mecklenburg-Strelitz das Werk *Denkwürdigkeiten des Mecklenburg-Strelitzschen Husaren-Regiments in den Jahren des Befreiungskampfes 1813 bis 1815* (Neubrandenburg 1854) zu nennen. Für Mecklenburg-Schwerin sind die bedeutsamsten: *Die Mecklenburgischen Freiwilligen-Jäger-Regimenter. Denkwürdigkeiten aus den Jahren 1813 und 1814* (Ludwigslust 1863), die *Geschichte des Großherzoglich Mecklenburgischen Füsilier-Regiments Nr. 90.*

1788-1888 (Berlin 1888; 1907 kam eine erweiterte 2. Auflage hinzu), die *Geschichte des Großherzoglich Mecklenburgischen Jäger-Bataillons Nr. 14 vom 1. Juni 1821 bis 1. Juni 1888* (Schwerin 1881; 1901 kam auch hier eine erweiterte 2. Auflage hinzu), die *Geschichte des Großherzoglich Mecklenburgischen Grenadier-Regiments Nr. 89* (Schwerin 1895), das Werk *1813 - 1913. Geschichte der Großherzoglich Mecklenburgischen Artillerie* (Leipzig-Dresden 1913), die *Geschichte des 1. Großherzoglich Mecklenburgischen Dragoner-Regiments Nr. 17. 1819-1909* (2 Bände, Schwerin 1910) und die *Geschichte des 2. Großherzoglich Mecklenburgischen Dragoner-Regiments Nr. 18* (Berlin 1892). Für Unteroffiziere und Mannschaften sind die *Kurze Geschichte des Großherzoglich Mecklenburgischen Grenadier=Regiments Nr. 89* (Schwerin 1882 und die 2.

Abbildung 6
Beispiel einer Truppengeschichte
Berlin 1907

Auflage Parchim 1905), die *Geschichte des 2. Großherzogl. Mecklenburgischen Dragoner-Regiments Nr. 18. Unter Benutzung der gleichnamigen von Unger'schen Bearbeitung. Zum Gebrauch für Unteroffiziere und Mannschaften* (Parchim 1902) und die *Kurze Darstellung der Geschichte des Großherzoglich-Mecklenburgischen Füsilier-Regiments Nr. 90. 1788 – 1908* (Berlin 1908) zu nennen.

Diese wie andere Truppengeschichten aus der Zeit vor und dann auch nach dem Ersten Weltkrieg sind heute – ungeachtet ihrer damaligen Funktion einer Traditionspflege – deshalb so bedeutsam, da bei einem der letzten britischen Bombenangriffe im April 1945 auch das preußische Heeresarchiv, in dem sich seit 1868 auch mecklenburgische Militärakten befanden, vernichtet worden war.

Von den Verfassern der mecklenburgischen Truppengeschichten sei abschließend auf Oskar Theodor Haevernick als Beispiel eingegangen.[8] Er war Mitverfasser der Geschichte des Füsilier-Regiments Nr. 90 und Autor derselben für die Unteroffiziere und Mannschaften.

Oskar Haevernick wurde am 26. November 1857 als Sohn des Gutspächters und Pferdezüchters Theodor Louis Johann Haevernick und der Helene Beate geborene Staudinger in Nienhagen bei Lalendorf geboren. Er hatte zwei jüngere Schwestern. Der kleine Oskar Haevernick besuchte zunächst die Vorschule des Küsters Peters in Güstrow, die Domschule und schließlich das dortige Gymnasium. Dann kam er 1871 in die Kadettenschule in Plön und 1874 in die Hauptkadettenanstalt Berlin-Lichterfelde.

Die eigentliche militärische Laufbahn des Oskar Haevernick begann 1876 als Avantageur, das heißt mit dem Ziel der Beförderung zum Offizier eingetreten, im Großherzoglich Mecklenburgischen Füsilier-Regiment Nr. 90, in dem er 1877 auch zum Sekondeleutnant ernannt und 1887 zum Premierleutnant befördert worden

Abbildung 7
Oskar Haevernick als Generalmajor im Ersten Weltkrieg
Privatarchiv Keubke

---

[8] Sein militärischer Werdegang ist nach der von ihm mitverfassten Regimentsgeschichte, den betreffenden Mecklenburg-Schwerinschen Staatskalendern und den jeweiligen Rang- und Quartier-Listen der Königlich Preußischen Armee zusammengestellt, sein literarisches Wirken nach STEINHAUSEN, Georg: Ein Mecklenburger von echtem Schrot und Korn. In: Mecklenburg. Zeitschrift des Heimatbundes Mecklenburg 20 (1925), S. 23–26.

war. In diesem Rang übte er seit 1884 die Stellung eines Bataillonsadjutanten aus. Von 1887 bis 1890 erfolgte seine Kommandierung zur Kriegsakademie nach Berlin. Sein Taktiklehrer war übrigens der spätere Generalfeldmarschall von Hindenburg. Seit dem Jahre 1892 diente Oskar Haevernick als Hauptmann und Kompaniechef zunächst im II. Bataillon in Wismar, kam jedoch nach seiner Verlobung mit der Tochter des damaligen Senatspräsidenten von Maltzahn nach Rostock. Unter Stellung à la suite wirkte er ab November 1894 als Lehrer an der Kriegsschule in Neisse bis 1899, dann wechselte er als Kompaniechef in das 5. Pommersche Infanterie-Regiment Nr. 42 nach Stralsund. 1903 ging Oskar Haevernick als überzähliger Major in das 1. Ober-Elsässische Infanterie-Regiment Nr. 167 nach Kassel, um ein Jahr später Bataillonskommandeur im 3. Hanseatischen Infanterie-Regiment Nr. 162 in Lübeck zu werden. Die dienstlichen Verwendungen führten den mecklenburgischen Offizier doch immer wieder zumindest nach Norddeutschland zurück.

Als Oberst wurde Oskar Haevernick 1908 Kommandeur der Kriegsschule in Hersfeld und schließlich im Jahre 1912 Kommandeur des Füsilier-Regiments von Steinmetz (Westpreußisches) Nr. 37 in Krotoschin. Mit diesem Regiment zog Oberst Haevernick auch in den Ersten Weltkrieg – bei Longwy wurde er am 22. August 1914 durch einen Lungenschuß schwer verwundet. 1915 wurde er zum Generalmajor ernannt und im Juni des Jahres Kommandeur einer Landwehrbrigade. Am 10. August 1915 erlitt er in Rußland eine weitere Verwundung, übernahm jedoch am 24. März 1916 erneut seine Brigade, später eine andere. Anfang des Jahres 1917 erhielt Generalmajor Haevernick das Kommando über die 223. Infanterie-Division. Im September 1918 erfolgte noch seine Beförderung zum Generalleutnant, im April 1919 aber wie bei vielen anderen Generalen und Offizieren die Verabschiedung. Insgesamt war er sechs Mal verwundet worden.

Oskar Haevernick wählte nunmehr Kassel als Ruhesitz. Nicht erst hier, auch bereits lange vorher nahm sich der Militär Oskar Haevernick stets die Zeit, seinen literarischen, vor allem aber auch geschichtlichen und kulturgeschichtlichen wie volkskundlichen Neigungen nachzugehen. Seine Liebe galt in besonderem Maße der plattdeutschen Sprache. In Kassel versammelte er zahlreiche Mitglieder der von ihm gegründeten *Plattdeutsche*(n) *Vereenigung* zu literarischen und Unterhaltungsabenden und schrieb auch die eine oder andere Geschichte auf platt, so *Ut de irst Tid von dat Kriegsjohr 1914* (1916) und *Plattdütsch Land und Waterkand* (1917).

An Familiärem ist noch anzumerken, dass er mit Elisabeth, geborene von Maltzan Freiin zu Wartenberg und Penzlin verheiratet war. Sie hatten zwei Kinder. Sein Sohn Borwin, 1896 geboren, kämpfte als Infanterist und später Jagdflieger im Ersten Weltkrieg. Er fiel 1945 als Oberstleutnant in den Kämpfen um

Berlin in den letzten Kriegstagen. Die 1899 in Rostock geborene Tochter Thea Elisabeth war eine bekannte Prähistorikerin, die sich auf Forschungen zu vorgeschichtlichen Glasfunden spezialisierte. Sie starb 1982 in Marburg.

Oskar Haevernick starb am 15. Mai 1924 in Kassel nach einer Operation an den Spätfolgen der schweren Lungenverletzung.

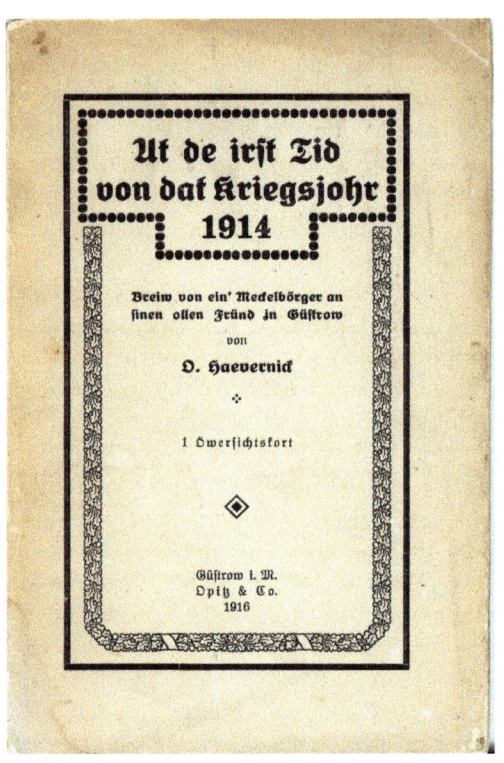

Abbildung 8
Veröffentlichung Oskar Haevernicks aus
dem Ersten Weltkrieg
Güstrow 1916

Der Festungskurier Themen der Tagungen zur Landesgeschichte Mecklenburg / Vorpommern

Erhältlich im Museumsshop der Festung Dömitz.